Rolf Friedrich Schuett

Reiche wurden doppelt so reich, Habenichtse auch

Sozial gerecht oder nur sozialgerecht?

FSC
www.fsc.org
MIX
Papier aus ver-
antwortungsvollen
Quellen
Paper from
responsible sources
FSC® C105338

R o l f   F r i e d r i c h   S c h u e t t

Reiche wurden doppelt so reich, Habenichtse auch

Sozial gerecht oder nur sozialgerecht?

Books on Demand

Bibliographische Information Der Deutschen Bibliothek:
Die Deutsche Bibliothek verzeichnet diese Publikation
in der Deutschen Nationalbibliographie; detaillierte
bibliographische Daten sind im Internet abrufbar über
http:// dnb.ddb.de

Herstellung und Verlag :
BoD – Books on Demand, Norderstedt

Gedruckt auf alterungsbeständigem Papier
(holz- und säurefrei)

Umschlaggestaltung : E. L. Schmidt

Printed in Germany

ISBN 978-3-7448-1582-6

Für Elke, Rita und Maike

Irrwitz als Blitzlicht im Hitz- und Wirrkopf

*Kompendium von den vorersten
und ver´letzten Dingen*

„Man greift zum Buche wie zum Glase." *(W. Mehring)*
„Jeder ist sein eigener Fußball." *(Dada)*

Der Schlüssel zum Königsschloss
liegt im Schloss.

Respekt vorm Knecht respektiert
nur dessen herr´liches Knechtsein.

Hegel war gut gemacht und gutgemacht,
Schlegel gutgelaunt, die Regel gutgemeint.

Leben erscheint Toten wie ein Doppelleben.

Lichtenbergs „Allbuch". Ich war ein All,
das nichts war, doch ein Nichts, das alles war?

Du hast die Pflicht, geboren zu werden, und
kein Recht zu sterben und jede Möglichkeit,
keine zu haben.

Wie sterben die Toten? Wo Geborene Untote
werden und Lebende halbgeboren bleiben.

Poet und Philosoph : gescheute Arbeit von Ar-
beitsscheuen, Hinterwelt der Nachwelteroberer.

Hoden, Hirn & Herz. Zahlen sind geistige
Sphären, Geometrie ist sinnliche Algebra.

Der Mensch auf Wandersfüßen ist das einzige
Perpetuum automobile ohne KI.

Urinruin 1968. Marx gegen Moral, Freud gegen
Kapital wechselten sie oft schneller als ihre
Wohnungen : MINTellekt mixt Urinstinkt.

Zahlen spiegeln den Raum und Qualen die Zeit.

Zwingt mich nicht, mich nicht zu bezwingen!

Sozialdemokratie ist nicht mehr soziale
Gerechtigkeit, sondern ihr Lob- und Spottpreis.

Kollektive sind nicht Blutsbrüderlichkeit,
sondern trinken Saufbrüderschaft.

Bücher, die einer als Greis besser versteht
als der Junge, schätzt er in der Jugend höher
als im hohen Alter.

Respektiere dich selbst,
doch nur deinen Respekt vor mir!

Gerechtigkeit : Alle Vermögen haben sich nun
bald verdoppelt − auch die der Habenichtse.

Am *Weltgendertag* werden Untäter
und Untätige zu Opfern ihrer Opfer_Innen.

Kriege schaffen Frieden am Hofe
durch unhöfliche Friedhöfe.

Berlin = Athen + Jerusalem
oder Schilda + Babel?

Wer uns hilfsbedürftig macht,
will uns nur hilfsbereiter machen.

Beherrscht Sprachen gut genug,
um in ihnen polyglott beredt zu schweigen!

Was ist willkommener : Vollkommenster Ausdruck von Unvollkommenheit oder umgekehrt?

Ein Mensch kann kein Gott sein,
doch ein Gott ein Mensch werden.

Ist der König eigentlich auch nur ein Mensch
oder jeder Mensch mehr ein Faschingskönig?

Jeder kontrolliert jeden, außer sich selbst.

Rückzug auf oder aus Gruppen?
Schützt Herdentiere vor Individualität
und Egoisten vor Gemeinwohl!

Ich kenne keine Klassen und Parteien mehr,
nur noch arme Umweltopfer?

Ein Prospekt für Respekt zeigt Rück(en)sicht
auf vorgesetzte Hintern.

Hört der Politiker zu viel auf seine Wähler oder
zu wenig auf seine und ihre Gewissenlosigkeit?

Sind Katholiken und Protestanten,
die nur koexistieren, überhaupt Christen?

Du erweist mehr Respekt meist dem,
der ihn dir zollt, als dem, der ihn verdient.

Macht : Respekteinflößender
wirken Respektgebietende.

Plump and dump **im Anthropozän**

Respice finem : Kein Respekt
vor despektierlichen *Respektspersonen* !

Man achtet Geächtete und verachtet achtbare
Beachtung weniger als achtsame Beobachtung.

Mann und Frau 2020 : Gegensätze ziehen sich
an und aus und − neutralisieren sich zu Null
wie Plus und Minus, mit Riesenknall,
wenn die Alchemie stimmt. Erfolg : Goldige
Kinder und Elefanten im Porzellanladen.

Der beste Lockvogel
ist die eigene Vogelscheuche.

Lieber kein Leid als kein Glück!

Lobst du mich, lob ich dich – wird nicht gelobt.

Respektabel wirkt, wer darauf pfeifen kann.

Incommunicado. Einer fragt es, einer sagt es,
einer wagt es und – versagt, was er verspricht.

Schulweisheit : Verstehen Geisteswissenschaft-
ler, worauf Witzelschaftler sich verstehen?

Besitzbürger Wittgenstein sah sein Erbe, anders
als Aristokrat Platon, als Antiphilosophikum.

Ein Weg sagt : Weg da und nichts wie weg!

Intellektuelle erleiden stets neue Schnapsideen.

Bist du so, wie du deinen Gegner zeichnest,
oder ist der so, wie du dich siehst?

Der Augenarzt warnt : Immer *Online* macht
kurzsichtiger, immer *Offline* nur weitsichtig!

Normentkernt. Der beste Schadstofffilter für
PKW behandelt den PKW selbst als Schadstoff.

Du siehst meine Blindheit besser als Sehens-
wertes und überhörst Taubheit wie Gehorsam.

Auch die Kehrseite der Verdienstmedaille
hat eine Kehrseite : verkehrten Verdienst.

Vorschläge von Vorreitern und Vorbildern
sind keine Vorschriften von Vorkauern und
Vorgesetzten.

Ende : Der große Urknall, den jeder hat.

Der/das Verdienst : Wieviel gebt ihr (auf) uns?

Christentum entwickelte sich von Toten-
belebung zu Ostereiersuche von Osterhasen.

Wo Osterschisshasen Ostereier legen,
erstehen nur scheintote Schlafmützen auf,
und wildes "Osterlachen" über untote Christen
bleibt ewig im Hals stecken.

O Stern im Du-Stern : Leichenauferstehung
zum aufrechten Gang des Skavenaufstands?

Berater sind voll Gerätsel über ihre Geräte
und ohne Mystik vor allen Mysterien.

Besserverdiener verdienen *positives Denken*,
Besseresverdiener dienen negativem Antun.

Web-Fehler. Darf man, gefangen im Internet
der Verdinglichung, auf Digit´alisierung
überHaupt noch mit dem Finger zeigen?

Gibt es eher ein Leben nach der *Industrie 7.0*
als ein Internet der Undinge nach dem Leben?

Hegel 2020 : 1) Formale *Logik* 2) *Natur*poesie
3) *Absoluter Geist* : Kunst, Religion, Philosophie : geistreiche Sprüche vorm Geiste Gottes.

X ist gutwillig, Y gutgemeint, Z gutgelaunt,
A wiedergutgemacht und B gutgeschrieben.

Siegen heißt überholen ohne einzuholen.

Man kann (muss) nicht alles, was man darf,
und darf (will) nicht alles, was man kann (soll).

Erwachsen werden heißt, billige Zweiradroller
durch teure Vierradroller zu ersetzen.

Religion? Was mehr sein will als Wissenschaft,
wird weniger als Leidenschaft und Witzelschaft

Steckt nackte Wahrheit nackt
in ihren Verschleierungen?

Wurde Amor(al) unser Gott,
weil Gott die Liebe ist?

Straßenräuber? Wer Straßen raubt,
kann sie schwer verstecken.

Wenn du falscher Hund mal die Wahrheit sagst,
ist es keine mehr.

Glaubst du sündigen zu dürfen,
da Gott entweder gnädig oder inexistent ist?

Verbunden sind Menschen durch Glauben
und Hängen an etwas, das nie existiert.

Bosheit macht noch keine Moral, Verbrechen
kein Recht, doch Amor amoralisch.

Du glaubst, dass es keinen Gott gibt.
Aber glaubt Er das auch?

Dein Leben hat den Sinn, dass es keinen hat,
oder dass er so gut wie leblos ist.

Geht es gut, wenn man schlecht zu Fuß ist?

Es gibt Wahrheit und Wirklichkeit, Sinn und
Selbstbewusstsein, doch sie sind oft unbewusst.

Das Leben ist kurz, ein lebenslanges
oder lebenslängliches Warten darauf.

Ich bin einer, der so heisst wie ich.

Schreibt dem nichts gut, der ganz gut schreibt!

Muss ein Christ, der ewig leben will,
sich bekreuzigen oder kreuzigen lassen?

Statistiker : Stationsstatisten des *Status quo*.

Kopflose köpfen, und Häuptlinge
behaupten (sich) dagegen etwas.

Wer kann verhindern, auch bis zu seinem Tod
nicht ganz zu leben oder danach lange weiter …

Darfst du *post mortem* nachleben,
was du vorm Tod nicht weglebst!

Groß ist, wer größere Probleme damit schuf,
dass er sie löste.

Die Mühen der Ebene entstehen praktisch nur,
wenn Berge in Täler geworfen sind und das,
was uns zu hoch ist, Abgründe füllt.

Entwicklung durch permanente Selbstsatiren?

Wer nichts Vernünftiges tut wie Kierkegaard,
muss Hegels paktische Vernunft verfehlen
durch sein bloßes Dasein.

Wer eine Sozialrevolution will,
muss nur Fußballspiele und Autos verbieten.

Junge treiben Logik, um erwachsen zu werden,
der Alte treibt Lyrik, um jünger zu wirken.

Ebenso kleine Gruppen, die einst zu viel hatten,
haben nun zu wenig im religionsfreien Westen.

Automobil? Bleib im Uterus
and see the world nevertheless!

Selbstironie ist oft nur ironisch
gemeinte Selbstkritik.

Eher gibt es ein katholisches Südamerika und
russisch-orthodoxes Eurasien als noch einmal
ein Heiliges Römisches Reich Europa.

Als Gott noch Europa regierte,
beherrschte Europa die Welt.
Seit Geld ganz Europa negierte,
beherrschte die Welt EUR'Geld.

„Ex oriente lux"
ist die europäische Crux.
Das ist so in Fant-asien,
doch Vorsicht vor „Eurasien"!

Mit DM nur feine Kleinheit,
nur Teuro gab die dt. Einheit,
nicht „United States of YourOP",
denn Eliten sind nicht *nur* Pop.

Welcher Star kann durch selbstparodistische
Werke seine eigenen Fans verhöhnen ohne
fishing for compliments?

Wann wird das Verlachen des eigenen
Gelächters zum Ernst des Lebens?

Rechtfertigen Teufel und Toren des Volkes
schon Engel und Eierköpfe der Eliten?

Getier und Gemensch, soigniert euch!
Feminismus ist nicht Emanzipation,
sondern ihr Spottpreis.

Auch rechtzeitiges Verlernen will gelernt sein
wie Versagen.

Begriff : Rennrichtung einer Schafsherde
oder Flugrichtung einer Vogelschar.

Cultural turn : Aufstand der Trauerarbeit
gegens akkumulierte Symbolkapital.

Männer machen und schreiben Geschichte,
Frauen machen und erzählen Geschichten.

Priester : Christi Beamte mit Machthunger?
Pfarrer : Christi *Tuis* ohne Wissensdurst?

Arbeiter wollen sich mal langweilen dürfen,
Kapitalisten sollen mal hungern dürfen.

Auch Schufte schuften wochentags,
um sich sonntags zu langweilen.

Wer hat mit 80 Jahren mehr Erinnerungen
als mit 18 ?

Weltschmerz wurde Umweltschmerz.
Beides entsteht, wenn ich die Unzulänglichkeit
der Welt mehr beklage als meine eigene.

Teurer Urheberrechtsschutz nur für *Popkultur*,
„open access“ für Hochkultur, und jedermann
entscheide selbst, in welche Gruppe er gehört.

Sozialgerecht : Sozial gerecht?

Amor(al) macht uns X-Beine für U-Beine vor.

Bin ich ein Teufel, wenn ich Bösen böse bin?

Der Schöpfer versprach, sein Werk nicht noch
einmal zu vernichten, sondern abzuwarten, bis
das Werk seiner Ebenbilder wie der Babelturm
zusammenbricht, um auf sein nomadisches Ur-
projekt vielleicht wieder zurückzukommen.

Wer seinen Beruf verfehlt oder wem ein Beruf
fehlt, ist noch kein Künstler.

Eine unvollziehbare Tat ist Maßstab aller
begehbaren Untaten und Untätigkeiten.

Ist eine Theorie erst bestätigt oder widerlegt,
wo alle für oder wider sie sprechenden Gründe
ein System bilden, das aus Axiomen folgt?

Jemanden achten hieße die Theorie explizieren,
die er verkörpern will, ohne sie zu vertreten.

Eine Theorie darf nicht so viele *harte Kerne*
wie praktische Anwendungsmodelle haben.

KI? Theorien (wie Psychoanalyse und Philosophie) können einander mit ihren Mitteln nicht
rational rekonstruieren ohne Dekonstruktion.

Jeder Name für etwas ist eine Theorie darüber.

Der eiserne Kern angegriffener Theorien bleibt
offen für unwiderlegbare Unterstellungen.

Der Aphoristiker schiebt sein Scheitern und
Überholtsein hinaus, indem er neue schreibt.

Aphorismen *sind* die zwingenden Argumente,
die sie verschweigen, und deshalb widerlegbar
durch Deppen.

Kein Faktum widerlegt eine Theorie, sondern
alle sie *rational rekonstruierenden* Theorien.

Miserabilität. Wer Mögliches beweist,
entwertet wirksam dessen Verwirklichung.

Die *eine* Wahrheit gegen alle Konkurrenten
wird von einem Einzelnen unbewusst bewiesen.

Gibt es nur *einen* Gott, dann muss er so Recht
haben wie der *letzte Mensch*, falls beide überhaupt Wert darauf legen.

Aussicht auf Fortschritte haben erste vage
und zage Entwürfe mehr als erprobte Theorien.

Was für oder wider einen Aphorismus spricht,
kann gleich wahr sein.

Mögliches ist so unwirklich wie schon
Wirkliches nicht mehr nur (un)möglich.

Jeder neue Aphorismus hebt Widersprüche auf,
indem er neue erzeugt für neue Sprüche.

Was gegen einen Aphorismus spricht, ist nur
ein besserer, nicht Wahrheit und Wirklichkeit.

Wirbt man lieber mit Waren *um* Frauen
oder mit Frauen *für* Waren?

Man kann leichter Geld verdienen, ohne dabei
nachzudenken, als philosophieren, ohne damit
Geld zu verdienen.

„Greisenavantgardismus“. Drei Möglichkeiten
und *eine* Entscheidung schließen einander aus.

Humanität gibt´s nur um den Preis von Not und
Dreck, die nur technokratisch behebbar sind.

Wunder lassen an Gott zuweilen mehr
(ver)zweifeln als Naturgesetze.

Notnomaden sind keine Touristen. Nicken heißt
einnicken, bitte Köpfe schütteln, nicht Hände!

Schluss-Fazetien

„Wenn mir dabei der bisher bedeutende Stoff für das Fremde (in der Fremde, RFS) ausgegangen war, dann trat dafür eine neue Sensation auf : Mir fielen Sätze ein, die als Fremdkörper die (all)täglichen Erfahrungen durchkreuzten … Solch ein Satz, der darauf wartet, gefunden zu werden, nur der enthält wirklich das neue Jetzt. Würde ich solche Sätze finden? Ich musste sie finden. Jetzt."
(*Karl Heinz Bohrer* : „Jetzt – Geschichte meiner Abenteuer mit der Phantasie", Frankfurt/Main 2017/18, S. 542)

Keine Aktion ohne Abstr*aktion*! Kauft Abstraktien, ur-sächliche Aktien statt weibliche Akte!

Feige Kapitulation wäre beliebter, bedeutete sie nicht Enteignung und Sklavenarbeit.

Verkörpere nur das, was ohnehin passiert, und es sieht aus nach Aktion!

Wer arbeitet, soll(te) auch zahlen.

Bist du erledigt und (aller Dinge) ledig,
hast du's erledigt.

„Sujets" : durch Untersuchung unterworfene
Themen. Kultur : Überbau erkundet Unterwelt.

Adorno richtete mit Schlegel (und Nietzsche)
die Dialektik aphoristisch gegen Hegel,
von dem er sie gelernt hatte wie vom Cusaner.

Gibt es Absolutes nur unter der Bedingung,
alle Bedingungen unbedingt zu erfüllen?

Satire, die niemandem wehtut und zu nahe tritt,
ist keine, sondern goldener Humor. Geistreich
zu treffen ohne juristische Folgen ist die Kunst:
Opfer dürfen sich nicht wehren, ohne sich noch
lächerlicher zu machen oder mit einer besseren
Satire zu parieren.

Sekundärliteratur zum Aphorismus

Gerhard Neumann (Hg.): „Der Aphorismus.
Zur Geschichte, zu den Formen und Möglichkeiten
einer literarischen Gattung", Darmstadt 1976

„Ideenparadiese. Untersuchungen zur Aphoristik
von Lichtenberg, Novalis, Friedrich Schlegel und
Goethe", München 1976

Peter Krupka: „Der polnische Aphorismus",
München 1976

Hans Peter Balmer: „Philosophie der menschlichen
Dinge. Die europäische Moralistik", Bern 1981

Harald Fricke: „Aphorismus", Stuttgart 1984

Gisela Febel: „Aphoristik in Deutschland und
Frankreich", Frankfurt/Main 1985

Klaus von Welser: "Die Sprache des Aphorismus",
Frankfurt/M. 1986

Heinz Krüger: „Über den Aphorismus
als philosophische Form", Frankfurt/M. 1988

Werner Helmich: „Der moderne französische
Aphorismus", Tübingen 1991

Stefan Fedler: „Der Aphorismus. Begriffsspiel zwischen Philosophie und Poesie“, Stuttgart 1992

Paul Geyer / Roland Hagenbüchle: „Das Paradox“, Tübingen 1992, Würzburg 2002²

Thomas Stölzel: „Rohe und polierte Gedanken. Studien zur Wirkungsweise aphoristischer Texte“, Freiburg 1998

Lada Lubimova: „Struktur und Funktion des Aphorismus : eine textlinguistische Studie“, Bremen 1998

Robert Zimmer: „Die europäischen Moralisten“, Hamburg 1999

Michael Esders: „Begriffs-Gesten. Philosophie als Kurze Prosa von Friedrich Schlegel bis Adorno“, Frankfurt/Main 2000

Rüdiger Zymner: „Aphorismus“, In: Kleine literarische Formen in Einzeldarstellungen, Stuttgart 2002

Friedemann Spicker: „Kurze Geschichte des deutschen Aphorismus“, Tübingen 2007

„Die Welt ist voller Sprüche. Große Aphoristiker im Porträt“, Bochum 2010

Andreas Egert: „Der Fall Aphorismus. Zur Genese und Aktualität einer Gattung“, Dresden 2015

Zur künftigen Vergangenheit des widerwärtigen gegenwärtigen Autowahns

Das Automobil überlebt sich bereits selbst. Seine Besitzer wissen es nur noch nicht, dass sie schon seit geraumer Zeit in untoten Leichen als Gespenster durch die Gegend rasen. Das verflossene 20. war das Jahrhundert der PKWs, und ihre heutigen Fahrer spuken noch immer im 20. herum und finden nicht die Kurve heraus. Alle Autofahrer sind inzwischen Geisterfahrer, die den welt-erfahren Autofreien für einen Geisterfahrer halten. No Exit to 21. century.

Wenn jeder Haushalt der Welt mindestens einen einzigen eigenen PKW besäße, ließen allein die nötigen Verkehrswege nicht mehr genügend Ackerland übrig für die Ernährung der Menschheit, wurde errechnet, und jede Person hat ja bisher ein unverbrüchliches Recht auf so viele Automobile, wie sie sich finanziell leisten kann. Das allein sagt schon alles gegen den globalisierten *Individualverkehr* per Skandaldiesel, Benziner oder Superbatterie der Zukunft.

Das aktuelle Mediengequatsche und Polit-Hickhack um „Grenzwerte für Stickoxyde" und „Feinstaubbelastung in Innenstädten" geht schon an den Fundamentalprämissen vorbei, von der so prominenten „CO2-Übersättigung der Erdatmosphäre" mal abgesehen – die wissenschaftlich ja noch gar nicht ausreichend gesichert scheint.

(Nebenbei : Ohne hohen CO2-Gehalt der Luft ist vernünftiges Leben in angenehm warmen Regionen vielleicht kaum möglich, und wie weit der „Klimawandel" überhaupt „anthropogen" menschgemacht ist, scheint noch gar nicht entschieden, solange Erklärungsalternativen bisher nicht mit hinreichender Wahrscheinlichkeit auszuschließen sind. Sind die hysterischen Panikalarmisten nicht schon viel weiter als die seriöse Wissenschaft und verhindern dadurch geradezu, was sie doch angeblich erreichen wollen?)

Auch Umwelt-Elektromobile sind da nur fragwürdige Ausweichmanöver. Sie haben für Herstellung und Dauerbetrieb einen haushohen Energieverbrauch und Rohstoffverschleiß, der die globalen Vorräte bedroht, falls jeder Erdbewohner mindestens ein einziges E-Mobil fahren möchte (und in Demokratien fahren dürfen muss). Oder soll gespeicherte Wind- und Solarenergie auch noch alle E-Autos speisen müssen?

Kurz : Die Zukunft wenigstens des PKW und des Individualverkehrs ist sein Verbot − falls künstliche Verteuerung nicht nur die vielen Armen treffen soll. Beschränkung des Automobils auf öffentliche Massenverkehrsmittel wie Bus und Bahn wäre zwingend notwendig, wenn die „Klimaziele" erreichbar bleiben sollen. (Mit wenigen eventuell vertretbaren und gesetzlich geregelten PKW-Ausnahmen für Notärzte, Polizisten, gewerblichen Lieferverkehr etc.)

Aber solche restriktiven Maßnahmen dürften noch auf lange Sicht wohl kaum parlamentarische Mehrheiten finden und Politiker, die dafür ihre Karrieren riskieren.

Höher als technische Barrieren scheinen psychologische Hürden für solchen *Paradigmenwandel* der etablierten Volksgewohnhcitsreclite. Der PKW ist ein so privatpotentes Selbstverwirklichungsinstrument, psychosoziales Stützkorsett, rollendes Wutventil, legalisiertes Suizidmittel und demokratisiertes Statussymbol geworden, dass es denkbar schwerfallen wird, ihn dem Volk wieder wegzunehmen, ohne eine soziale Massenrevolution zu riskieren, die z.B. für den Sozialismus nie zu erreichen war.

Straßenpersonalverkehrsrecht ist kollektiver Grundkonsens seit einem ganzen Jahrhundert. Selbst Diktaturen garantieren lieber das Individualrecht auf PKW als die Menschenrechte.

Sobald die fortgeschrittenen Hochindustrienationen sich aus dem Auto herausschleichen, drängt der große bislang benachteiligte Rest der Welt erst herein. Bisher blieben Klimabelastung und Rohstoffraubbau durch Autos allein deshalb noch gerade erträglich, weil nur der kleinere und entwickeltere Teil der Erde jedem seiner Bürgerhaushalte den eigenen PKW garantieren konnte.

Die infantil(isierend)e und pubertäre Beziehung der Konsumenten zum eigenen Auto behindert und verhindert den generalisierten Massenausbau öffentlicher Verkehrsmittel. Wer einmal in seinem geliebten Blech-Uterus gefangen saß und sich dort als König fühlte, ist für rationalere Argumente fast schon unzugänglich. Und wenn ihm durch künstliche Intelligenz eine automatisierte Automobilität droht, fürchtet der Auto-Autist endgültig um seine vermeintliche Autonomie im Strassenblechpanzer. Statt zu Fuß zu gehen, sabotieren die verfetteten PKW-Krüppel in ihrem Massenstau die ureigenen Vorzüge des Autos noch durch nervenaufreibenden Stop'n-Go-Verkehr.

Automobile sind Panzer : Defensive Stahlrüstungen und aggressive Angriffswaffen zugleich im täglichen Selbstbehauptungskampf, haben aber dem sesshaften Bürger nie zur genialen Beweglichkeit des weltgeschichtlich überholten Wandernomaden verholfen, sondern das rasende Auf-der-Stelle-Treten der Stau-Moderne beschleunigt. Der moderne Motortourist ist die Karikatur des von Gott biblisch favorisierten Paradiesnomaden. Die durch die Welt fahren, erfahren nichts.

Die fahrenden Stink-Krach-Mordwerkzeuge werden immer lebensgefährlicher und lächerlicher. Die Auto-Mensch-Einheit war die erste massentaugliche Roboter-Mensch-Symbiose, meint der Autor, der nie eins dieser überflüssigen Dreckschleudern und Schrottanwärter besaß. Jeder Autofahrer nimmt ja tagtäglich einen Mord an Mitmenschen billigend in Kauf, oder ist das etwa nur eine Karikatur?

Die Zukunft des PKW-für-jeden ist eher seine Selbstabschaffung als das halbherzige E-Mobil oder provisorische "Hybridauto", welches diese Wegrationalisierung nur etwas verzögert, aus Rücksicht auf die automobile Drogensuchtentwöhnung der motorisierten Psychosoziopathen. Die vielbeschworene e-mobile Wunderwaffe wäre nur so etwas wie die Methadon-Substitutionstherapie für uns hochgradig

Autoabhängige, eine psychotherapeutische Übergangslösung und ein industrielles Moratorium, mehr aber auch nicht. Muss drohender Arbeitsplatzverlust von Vielen das Auto dann retten?

In der Freizeit scheint das heilige Auto sogar zumeist wichtiger noch als für den Beruf, und der vermeintliche *Gebrauchswert* ist da nur vorgeschoben. Unverzichtbarer ist der eigene PKW als eine Psycho-Prothese für Präpotenzzombies.

Die private Ökobilanz der *Berufsumweltser* sieht meist eher heuchlerisch aus. Sie selber fahren oft BMW oder Porsche und düsen professionalisiert um den Erdball, um „globale Klimaziele“ zu promoten (oder zu promotorisieren). Da plötzlich soll dann nicht mehr jedermann vor seiner eigenen Garage kehren, sondern erst einmal die ganze Welt resozialisiert werden, ehe die Top-Engagierten mal selber ... Dieser Witz bringt immerhin zum Lachen.

Kurz : **Die Zukunft des Autos ist seine Vergänglichkeit und Vergangenheit** − allerdings hartnäckig ökotechnologisch-fortschrittlich hinausgeschoben.

Quousque tandem ... ?

„Gibt es ein Leben nach dem Auto?“
(Manfred Hinrich)

Was gibt und nimmt uns die *schöne Literatur*?

Ich kann nur noch Romane, Gedichte und Geschichten ertragen von Autoren, die zur Zeit der Abfassung nicht jünger waren als ich zur Zeit des Lesens.

Was gibt uns Literatur? **Es.**
Der Autor gibt **es** mir mal so richtig – mit seinem Werk, durch sein Werk hindurch und hinter ihm gut versteckt. Gibt er mir, was ich anderswo nicht kriege und abkriege – genug Bestätigung, Kontra oder Herausforderung? Bringt er mich vielleicht in Kontakt mit meinem Über- oder Unterbewusstsein?

Mit sprachlichen Kunststücken will man mich erfreuen und mir nützen? Sprache hat einen Leib aus sinnlichen Lauten und eine Seele aus leisem Sinn. Welche Wunder an überschäumendem Gefühl und spiritueller Anregung erwarte ich für mein Geld, und welch faden Plunder bekomme ich gewöhnlich? Nur spannende Krimis entspannen uns ja, und nur fesselnde Dramen machen mich freier.

Was macht man sich aus Literatur? Wir machen mit und aus Literatur, was sie mit und aus uns macht, behaupte ich. Diese geordnet tanzenden Laute und Lettern beschwören emotionsgeladene Bilder herauf. Solche atmosphärischen Gefühle packen uns hinterrücks und machen mit uns, was sie wollen. Ich fiebere mit gut Formuliertem : Furcht beschleicht mich, Angst oder Wut packt mich, Freude überwältigt mich, Schrecken und Trauer lähmen, Schmerz versteinert ... selbst Gedanken mache ich mir nicht, sie kommen mir - aus unscheinbaren Lauten und Lettern.

Nun kann ich ruhig im Sessel mit diesen von der Einbildungskraft hervorgerufenen Atmosphären herumspielen, ohne ernste Konsequenzen wie im Leben : Ich verliere kurz die Fassung, rutsche aus, um kurz darauf mich wieder zu fangen und die Fassung wiederzufinden. So lernen wir, mit schwindelerregenden inneren Achterbahnfahrten umzugehen, ohne Risiko.

In der Literatur aber "ist die Absicht des Autors, Schmerz zu bereiten, so sichtbar, dass man sich ein wenig mehr verhärtet", wusste *Marcel Proust*, einer der wichtigsten Autoren des vergangenen 20. Jahrhunderts.

"Was ist Literatur?", fragte Sartre 1947 und antwortete mit einem langen, berühmt gewordenen Essay. Wir werden es uns hier etwas leichter machen. Literatur ist (schriftliches?) "Sprachspiel" mit dem Ernst des Lebens, Entlastung vom Absolutismus der Realität und Zuflucht vor dem übermächtigen Druck der wirklichen Welt in allerlei denkmögliche Scheinwelten, die häufig "ästhetischer Vorschein einer besseren Welt" *(Ernst Bloch)* sein wollen. Menschliche Mündigkeit äussert sich schriftlich.

Literatur zerlegt die jedermann bekannte reale Welt in ihre Bestandteile und erschafft aus ihnen diese Welt ganz neu, möglichst besser, klarer, gerechter, liebevoller und schöner, doch "nur" im *Imaginären*, aus nur einmal winzigen 26 Buchstaben − wenigstens in der westlichen Welt.

Diese gottebenbildlichen Sprachkunststücke wollen und können uns verzaubern − bis wir ernüchtert oder mit neuer Kraft in unser graues Alltagsleben zurückkehren. Literarisches "Sprachspiel" (Wittgenstein) erhebt Anspruch und Einspruch, gibt "erlesenen" Zuspruch und Widerspruch : "höherer Jux" *(Th. Mann)* in Lettern, diesen Wundern, die sich kein Sterblicher selbst ausgedacht haben kann, zwischen dem einen Kopf und seinen sechs Sinnen.

Das gilt für alle Kunst : Wer sich festgefahren hat in eingeschliffenen Hirn- und Herzroutinen, will wenigstens in der Phantasie mal alternative Möglichkeiten probeweise durchspielen, mindestens als innere Lockerungsübungen, welche die Sensibilität verfeinern für "ganz Anderes" als die üblichen Übel, die dann plötzlich gar nicht mehr schmecken wollen und langsam so unerträglich werden, dass einer am Ende gelegentlich sogar mal mit der Hand anpackt, um ... ? Aber wir wollen jetzt hier nicht ganz abheben. Literatur kann Utopien und Dystopien geben.

Jedenfalls nicht immer mehr vom Immergleichen!, forderte Paul Watzlawick. Ob Printbuch, e-Book, Hörbuch etc. : Literatur ist linguistische Gefühlsgymnastik, Fitnesstraining zur Selbstoptimierung der Einbildungskraft, also unseres Vermögens, uns Dinge vorzustellen, die gar nicht leibhaftig da sind, die es vielleicht überhaupt nicht gibt oder niemals gab oder nur *noch nicht* gibt. Ist Kunst mehr als die Fähigkeit, sich und anderen etwas Vollkommeneres ansteckend allgemeinverbindlich vorzustellen – und sei es durch Satiren auf weit weniger als nur Unvollkommenes?

So Schönes hört man häufig von den Gaben dieser Musen, aber stimmt das überhaupt?

Führen die so beliebten "Denkanstöße" des Autors wirklich zu Lesergedanken, die diesen Namen auch verdienen, oder nur zu Ansteckung mit nachhaltigen Geisteskrankheiten? Die erhabensten Gefühle und geistreichsten Gedanken des Autors, werden sie in seinen Lesern nicht meist zu bloßen Allerweltsstimmungen und Kommunikationsplatitüden herabgedumpft? Ist das Gelesene noch dasselbe wie das Geschriebene? Nimmt sich der Leser mehr oder weniger, als der Autor gibt?

Was Literatur uns gibt, das nehmen wir selten an und wahr, und was wir nehmen, hat sie nur selten gegeben. Autor und Leser verfehlen und missverstehen einander häufiger, als beide glauben (machen wollen). Schreibt nicht der Autor am Leser meist so vorbei, wie der Kunde am Verkäufer vorbeiliest?

Ist denn jede Lesart literarischer Texte ebenso *gleichwertig* wie *gleichberechtigt*? Das glaubt zu Recht fast niemand und wünscht doch fast jeder, in seinem Interesse.

Der Leser, immer faul und genußsüchtig, will "unterhalten" sein, aber nicht zu weit unter seinem stolz erarbeiteten Niveau, das er beharrlich verteidigt gegen Versuche, es allzu weit zu senken – oder zu heben. Da jeder Leser ein anderes Geschmacksniveau hat, bedient der gewiefte Autor, der auf Kasse aus ist, am besten einen erspürten mittleren Zeitgeist-Massengeschmack, den möglichst viele seiner Zeitgenossen erwarten und den er tunlichst selber teilt, um nicht allzu eigensinnig, arrogant und sorglos vorbeizuschreiben an seinem potentiellen Publikum, dieser Horde von Dumpfbacken, denen er hemmungslos schmeicheln muss. Der klügste Autor erfüllt vor allem die dümmsten Lesererwartungen.

Um es ganz kurz zu machen, ohne alle Ironie: Erfolgloses *kann*, Erfolgreiches *muss* Mist sein.

Der Leser will durch einen Roman magisch verwandelt werden und doch im selben Atemzug nur bestätigt in dem, was er sowieso aberglaubt und ist und auch bleiben will. Bleibt er denn nicht in seinen ideologischen Vorurteilen und psychischen Abwehrmechanismen am Ende völlig unverändert sitzen, nach einem trügerisch kurzen Gefühlsüberschwang bestenfalls?

Was ist aber mit Autoren, die ihrem Leser Anspruchsvolleres zumuten, als er gemeinhin verkraften und an sich herankommen lassen möchte? Ein solcher Autor will bestätigt sein in seinem Anspruch, den Leser in seinen Ansprüchen eben nicht zu bestätigen, sondern vor den Kopf zu stoßen, zu widerlegen, zu jagen, zu überstimmen, zu bessern, zu entlarven und zu beschämen ...

Der Schriftsteller sollte sein Buch so hoch hängen, dass sein Leser sich ordentlich recken und strecken muss, doch nicht so hoch, dass kein Springer es je erreichen kann. Die meisten Werke geben dem Leser zu viel Raum, seinen trivialen Assoziationen nachzugehen und alles auf seinen eigenen un(ter)-entwickelten Mindergeschmack zu beziehen.

Gedichte, Schauspiele, Romane, Geschichten wollen ihre Adressaten mit dem sanften Zwang des rhetorischen Überredens statt logisch-sachlichen Überzeugens für sich einnehmen, verführen, in ihr Lager ziehen, aber überwältigen, verwandeln, zu ganz anderen machen ... Will ein Autor, der diesen Namen verdient, von seiner Lesergemeinde wirklich nur geliebt und bewundert sein für seine imaginäre Akrobatik hoch in den muttersprachlichen Lüften?

In der gehobenen Literatur "ist die Absicht des Autors, Schmerz zu bereiten, so sichtbar, dass man sich ein wenig mehr verhärtet", schrieb kein Geringerer als der überragende (sadistische?) Autor **Marcel**

Proust. "Schmerz zu bereiten" aber gerade nicht durch mangelndes Qualitätsniveau, unterkomplexen Sprachdifferenzierungsgrad oder gepflegte Kitsch-Langeweile. Rechtfertigt eine Courths-Mahler schon "Finnegans Wake"? Kunst enthüllt fiktive Untaten und verhüllt nackte Tatsachen durch exhibitionistische Allmachtsphantasien.

Haben Autor und Leser nicht allen Grund,
einander zutiefst zu misstrauen, ehe sie beginnen?

+ + +

Unter vegetarischen Bestien sind Pflanzen und Tiere die Humanisten.

Jeder Individualist geht heut seinen eigenen Brems- und Dienstweg und fährt seine eigene Autobahn.

Ich bin ein vielseitiger Autor einseitiger Bücher.

Mordsspaß ist Heidenspaß

Bist du heute akademisch,
wird Paganes epidemisch.
Heiden müssen leiden,
wenn die Frommen kommen,
doch auch umgekehrt
ist es heute nicht verkehrt.

Ich lebe im Lande der Heiden,
welche die Frommen nun meiden.
Die Heiden weiden in Herden,
sind Herdentiere auf Erden
und immer mehr im Werden …

Im Falle eines Falles
glauben Heiden wirklich alles,
– nur nicht Einem.

Alles glauben sie,
alles rauben sie
einander und dem Einen:
Das soll sie schon vercinen.
Fromme glauben nur Einem
– und sonst ja Keinem.

Mit den Weinen gegens Weinen:
Der Heide lebt in Saus und Braus,

denn morgen ist schon alles aus,
(hofft er),
denn er fühlt auch jenes Zittern
nicht nur bei den Stahlgewittern …

Er hat hienied den trüben Trubel,
der Christ danach den tollen Jubel.
Kurz : Der Christ ist Optimist,
der Paganist baut PessiMist.

Das ist der Geschichte List,
dass ihr alles wollen müsst,
was ihr geküsst und ungeküsst
nicht glaubet und erst recht nicht wisst.

Der Heide liebt die blüh'nde Heide
an ihrer Wetterscheide,
und lieben sie sich beide,
tun sie sich viel zu Leide.
Ohne Hoch und Heiliges
wird heidnisch Weltbrandeiliges
ultraschnell Langweiliges.

Hilft dir all dein Laster-Zaster
gegen einen „Zoroaster"?
Mit blindem Schicksal ist nie handeln,
nur ein Gott kann alles wandeln …

Im rüden müden Süden

In südlicher Sonne
in sündhafter Wonne
volle Wampen, dicke Leiber,
plumpe Kerle, fette Weiber,
Schwabbelmammis,
Liebesdummies,
aber schön obsschön :
Genitalien gen Italien !

Im Süden küsst man heiß,
im Norden nur das Eis
oder andern Sch(w)eiß?
Im Norden liebt man träger,
im Süden küsst man reger?
Im Süden sind mehr Kavaliere,
im Norden tumbe Arbeitstiere?
Genitalien
gen Italien!

Im Süden kann man sieden,
im Norden sich ermorden,
im Osten nur verrosten :
Der Westen kann's am besten.
Genitalien gen Italien ?

Achnee,
tut weh.

Er-ross-Center "Süden"
ist was für die Rüden
und die Prüden
(wird gemieden).

Hinterwäldler, Hinterweltler :
„Er-eignis als Er-äugnis" *(Heidegger)*

Wenn alles sehr pressiert
und dennoch nichts passiert
und alles rennt und pennt
und keiner was erkennt,
dann passiert das Hochevent –
die Hochzenzur
der Hochkultur.

"Event", das ist eventuell
nicht sehr intellektuell,
doch verschärfter provinziell,
ja, wild und pfefferminziell.

Ist irgendwo nichts los,
macht irgendwer sich los
von sich und seinem Los,
zum Beispiel in *Berlin*,
da muss man dann dahin,
„da biste ganz dahin“:
das rufen die Veranstalter,
die grausigen Verunstalter.

"Event", das ist Provinz
wie Lebenskunz und -hinz,
wie Pfeffer, Minz und Prinz.
"Provinz", das ist Event,
wohin man rennt, alles nennt
und doch nix von garnix kennt.

Berlin ist heut Eventprovinz,
doch woher kamen *Hegel,*
Fichte, Schelling, Schlegel
und die kultivierte Regel
ohne Metropolenflegel?
(Aus Jena. Nicht aus Linz ...)

Großer Abschied vom *kleinen Unterschied*?

Sie liegen nicht mehr beieinander,
sie reimen sich nicht aufeinander :

Verzaubern Mann und Frau
einand' zu Schwein und Sau,
dann sind wir in der Neuzeit,
doch nicht bei einer Neuheit.

Beide machen sich nun frei −
erst verzaubert voreinander
und dann entzaubert voneinander.
Der Zauber ist verflogen,
denn alles ist verlogen.
Die Liebe ward ein Edelkitsch
zwischen Eselohr und Ekelbitch.

Geschlechterkrieg und Ekelporno,
Scheidungssieg und Edelstorno :
Amor schoss daneben,
das kost' nun unser Leben!

Alptraumfrau und Alptraummann,
die ziehen sich nicht mehr in Bann :
Jede zweite Eh' geschieden:
Hätte man sich nur gemieden!

Jeder Zauber wurde faul
zwischen Stute und dem Gaul,
ganz so faul wie beider Maul.
Der *kleine Unterschied* ist just fort,
die Liebe ward ein Lustmord.

Seit beide Schufte schuften,
konnt Amor still verduften.
Sie beide lieben ihren Be-trieb,
Feierabends ruht der Bett-trieb
und wurde nicht mehr Bet-Trieb,
doch langsam nur ein B-Trieb.

Lebemann wird nur noch *Mapa*,
Lebefrau wird nur noch *Pama*,
dann wird Ehebruch betrieben,
das Lebekind wird "abgetrieben"
(und mit diesem blassen Wort
deckt man einen Massenmord?) :

Herr und Hure sind vergottet,
freie Welt verrottet unverspottet.
Nur fauler Zauber ist geblieben
von diesem ganzen Hundelieben.

Gefühle, Gedanken, Gemache und Getue
Briefe an einen Philosophen

Gegen Kant geben Sie zu bedenken, daß nur Heuchler nach Maximen handeln. Das ist völlig richtig, aber hier geht es nicht um Maximen, nach denen Leute explizit zu handeln vorgeben, sondern um solche, die ihren Entscheidungen implizit wirklich zugrunde liegen, ob sie sich das wenigstens nachträglich immer klar machen oder nicht. Kant will uns ermutigen, moralisch bewußt zu handeln, also unmoralische Strategien uns selbst einzugestehen. Jeder kennt Kants Paradebeispiel: Wer sich Geld borgt mit dem Hintergedanken, es nie zurückzuzahlen, handelt falsch, weil ihm kein Gläubiger, der selbst so vorginge, noch etwas leihen würde. Für den Philosophen handelt es sich darum, aus unserem Handeln die impliziten Maximen herauszureflektieren, die wir nicht einmal uns selbst klar machen. Ich handele so, als würde ich nach dieser und jener Maxime mich richten, ob ich es mir und anderen eingestehe oder nicht. „Maximes et Réflexions" sind natürlich nicht jedermanns Sache, aber prinzipiell muß es möglich sein, die Als-ob-Maximen mitten aus den Zeitgeist-Stimmungen und „Gesinnungen" zu explizieren, von denen Sie sprechen. Und manchmal sind sogar Psychoanalytiker nötig, um *unbewußte* Maximen der Lebensführung hinter Fassaden der

Selbstrechtfertigung hervorzulocken. Ist das nun nur eine halsbrecherische Hilfskonstruktion, um Kant zu retten?

Kant spricht übrigens niemals „maximalistisch" von „geschuldeter Glückseligkeit" und einem göttlichen „Zahlmeister der Tugend", sondern viel vor-sichtiger von der „menschlichen Glückswürdigkeit" vor einer bloßen Vernunftidee. Und ernsthafte philosophische Gottesbeweise hat nach Hegel, also nach 1830, niemand mehr versucht. Der griechische „Gott der Philosophen" übrigens, ob nun „unbewegter Beweger" oder *ens realissimum*, war nie der biblische „Herr der Geschichte".

Ihr Konzept der „chaotischen Mannigfaltigkeit" und der „Regression zu affektivem Betroffensein" im eigenen Leibe dürfte einen wirklichen Gedankenfortschritt darstellen, der Ihnen schon allein einen Ehrenplatz in der Philosophiegeschichte sichern sollte. Aber ich kann noch nicht sehen, wieso dieses Konzept die Lösung des uralten Freiheitsproblems befördert. Wenn ich Sie nur mißverstehe, werden Sie mir das zu sagen wissen.

Ich sehe als Tatsache an einem „Objekt": „Peter ist traurig". Peter als Subjekt sagt von sich: „Ich bin traurig". (Wir lassen einmal weg, daß man das auch umgekehrt sehen könnte: Ich schließe nur subjektiv auf seine Traurigkeit, während Peter seine eigene Traurigkeit ganz objektiv spürt.) Weder ist das Ichgefühl trauergetönt noch die Trauer ichgetönt: d'accord.

Gehen wir aus von der Selbstreflexivität des „Selbstbewußtseins". *Ich* sehe oder ich fühle *mich* (meinetwegen auch beim Sehen eines Baumes). Man kann es sich einfach machen und sagen: Das „Ich" und das „Mich" in diesem Satz sind identisch. Spätestens Kant hat gezeigt, daß ein Subjekt zwar anderen Subjekten, aber nicht sich selbst gegeben ist wie ein Objekt unter anderen, also durch Anschauungsformen und Kategorien hindurch.

Bleibt das gültig?

Manfred Frank hat noch einmal wiederholt, daß das Ich sich selbst immer voraussetzen muß, wenn es seinen Aporien entgehen will, und Sartre hatte deshalb ein „präreflexives Cogito" postuliert, das ein „nichtthetisches Bewußtsein" von sich haben müsse. Das Ich, das sieht, müsse um eine Spur anders und früher sein als das Ich, das gesehen wird – und sei es beim Sich-sehen ... – Es müsse sich selbst intimer gegeben sein als ein bloßes Objekt, sei aber durch eine ganze Metastufe von sich selbst getrennt. Ich nehme an, daß Sie genau diese instabile Selbstidentität und Selbstdifferenz bei Sartre mögen: „Ich bin nicht, der ich bin, und bin, der ich nicht bin." Sartre nennt Freiheit genau diesen Ur-Riß im Ich, durch den es sich voraus sei, immer ein bißchen jenseits dessen, was objektiv von ihm auszumachen sei. (Sehen wir mal davon ab, daß Sartre das temporal meint: Ich bin schon, der ich noch nicht bin, und bin nicht mehr, der ich noch bin.) Sartres Ich ist also auch frei von sich selber.

Nun komme ich zu Ihrem Ansatz. Ich bin affektiv betroffen, also bin ich: So ist Descartes zu retten. Affektiv betroffen bin ich von einer „chaotischen Mannigfaltigkeit" aller möglichen Gegenstände, zu denen ich auch selbst gehören kann als Objekt unter anderen. Nun ist es ein großer Unterschied, ob ich mich selbst als mögliches Objekt unter anderen fühle oder als jenes Ich, das die atmosphärische Ganzheit aller seiner möglichen Objekte fühlt (zu denen es unter anderen selbst gehört). Dieser Unterschied ist einer zwischen dem Individuum und der Ganzheit von Individuen, also fast schon so etwas wie ein Unterschied um eine Meta-Stufe innerhalb des Ich selbst. Ist Freiheit eine noch so winzige Distanz zu sich selbst?

Einerseits soll es kein Subjekt ohne affektives Betroffensein geben, anderseits wird Ihr Subjekt vorausgesetzt, um zu seinem affektiven Betroffensein jene Stellung nehmen zu können, die seine „Gesinnungsfreiheit" bezeugt. Wenn das Ich erst durch Betroffenheit konstituiert wird, ist niemand da, der affektiv (an)getroffen werden könnte: Muß nicht schon jemand da sein, der „sinnlich affiziert" (Kant) wird, oder liegt hier ein „transzendentaler Zirkel" vor, als Regelkreis, der sich nur lebensgeschichtlich aufschaukelt?

Freiheit ist logisch eine dreigliedrige Relation : A ist frei von B für C. (A, B und C können dabei vielleicht auch zusammenfallen.) Wovon nun macht sich Ihre „Gesinnung" frei? Wenn Freiheit in der Art der Stellungnahme zu meiner Situation liegt, warum nicht auch und gerade in der persönlichen Art des „Sich-nicht-ein-lassens", in der Art der Distanzierung und Verweigerung?

Das Wort „Gesinnung" ist heute so negativ besetzt, daß schon Mut dazu gehört, es zur Basis einer Freiheitslehre zu machen, und was Sie gegen Wahl- und Willensfreiheit vorbringen, ist sehr bedenkenswert. Es überzeugt wohl, daß Sie eine Alternative suchen zur falschen Alternative von kausalem Glied und grundlosem Zufall. Eine chaotische Vielfalt namens Gesinnung antwortet auf eine andere chaotische Vielfalt namens Betroffensein. Aber, und hier beginnen Bedenken, was macht Sie eigentlich so sicher, daß die „Stellungnahme zum affektiven Betroffensein" ein freies ens „causa sui" ist (einmal abgesehen davon, daß dieses Attribut, von Sartre abgesehen, gemeinhin nur Gott zugesprochen wird)? Woher wissen Sie eigentlich so genau, daß das „Sich-einlassen auf relativ chaotisches Mannigfaltiges" eine freie Initiative ist, die spontane Reaktion erlaubt? Gesinnung, die „eigentümliche Weise", in der ich zu meiner eigenleiblichen Ergriffenheit Stellung nehme, garantiert doch noch keine „Selbstbestimmung", sondern kann ja ein blinder Ausfluß meiner inneren Natur oder sozialen Geprägtheiten sein. Sie sagen selbst zu recht : „Die Gesinnung wählt man nicht". Andererseits sei ich *durch* meine Gesinnung *für* meine Gesinnung sittlich verantwortlich. Die Gesinnung, „unbeliebige Selbstverstrickung im affektiven Betroffensein", schillert: Verstricke ich mich aktiv selbst darin oder bin ich passiv darin verstrickt − oder beides zugleich oder weder noch? Kann ich mich auch frei auf meine Gesinnung einstellen, die sich frei auf ihre Betroffenheit einstellt usw., und ist die Freiheit ein *factum brutum*?

Kurz: Setzen Sie die Gesinnungsfreiheit, die Sie erst erweisen wollen, nicht einfach schon voraus? Haben Sie Kants „Causalität aus Natur und aus Freiheit" nicht nur verschoben auf den Abstand zwischen unfreiem Betroffensein und freier Stellungnahme dazu? *Daß* diese „Einstellung" zur unfreiwilligen Betroffenheit freiwillig geschieht, ist nur behauptet und ja gerade die Frage. Vom Schöpfer mal ganz zu schweigen : Könnte diese „Gesinnung" nicht selbst gesellschaftlich bedingt und dieses Ich selbst zutiefst gesellschaftlich vermittelt sein? Adorno hat gerade darüber eine Menge Kluges gesagt. Kurz: In meinen Augen haben Sie nicht die Gesinnungsfreiheit bewiesen, sondern nur das subjektive Freiheitsgefühl begründet − das ja noch eine illusorische Selbsttäuschung sein kann. Oder übersehe ich jetzt etwas? Wodurch ist das „investierte Selbstbewußtsein" denn schon Selbstbestimmung? Ich gebe zu, ohne ein möglicherweise trügerisches Gefühl von Freiheit hat niemand den Schwung, seine Sachen anzupacken, aber das könnten noch Triebe sein, die uns umtreiben, oder ein Spielraum zwischen divergenten Kräften. Ich behaupte nicht, daß das so ist, aber es ist damit noch unwiderlegt. Auch ich kann mir Subjektivität ohne ein Gefühl von Freiheit gar nicht denken. Ich halte mich für frei, aber ob ich es wirklich bin, kann weder objektiv festgestellt noch subjektiv erlebt werden. Juristen sagen: Freiheit muß unterstellt werden, um verurteilen zu können. Subjektivität bringt es nur bis zu einem Freiheitsgefühl, und muß objektive Freiheit immer fühlbar sein? Falls ich Sie nicht nur mißverstehe, halte ich die Freiheitsfrage für weiter ungelöst und vielleicht unlösbar. Ich neige eher zur paradoxen Formulierung : Das Schicksal des Menschen ist seine Befreiung vom Schicksal, aber diese Freiheit ist uns nur gegeben, unser individuelles Schicksal am Ende zu erkennen : Was bleibt, das ist Freiheit *von* sozialen Konditionierungen und *zum* göttlichen *Kismet*. Wir sprachen über eine Art von „Gesinnungsfreiheit" unseres Zeitgeistes, die mir eher eine Freiheit *von* Gesinnung und ein affektives Unbetroffensein scheint.

Kann ich mich, wie Freud gezeigt hat, über meine eigene Gesinnung nicht durchaus täuschen, und täusche ich mich auch über die Freiheit dieser Gesinnung nicht zumeist? Natürlich müssen Juristen meine Freiheit voraussetzen, um mich gegebenenfalls verurteilen zu können, aber was sagt das über die entschiedene Faktizität meiner Freiheit von objektiven Fakten? Ist eine Gesinnung nicht allzu oft nur die rationalisierende Interpretation affektiven Betroffenseins? Sie sagen zu recht, zur menschlichen Freiheit gehöre Wissen, und für Sokrates war Böses bekanntlich eine Spielart des Unbewußten.

Hat Freuds Entdeckung der Verdrängung unter einer sozialen Instanz die Möglichkeiten selbst der Gesinnungsfreiheit nicht empfindlich problematisiert? Ihren Aufsatz über „Selbstbewußtsein und Selbsterfahrung" eröffnen Sie selbst mit dem König Oidipus, ohne allerdings Freuds Deutung zu erwähnen, die doch noch tiefer in die Dialektik von Selbsterfahrung und Selbstbetrug hineingeführt hätte. „Tu l'as voulu, George Dandin" (Molière). Wieweit bin ich für Gesinnung meiner Affektverdrängungen und Abwehrmechanismen zur Rechenschaft zu ziehen?

Erst Ihre Beispiele aus „Der Rechtsraum" zeigen mir nun deutlicher die Stoßrichtung Ihrer Einwände gegen die moralische Potenz von Kants Imperativ. Sie diskutieren die Allquantifizierung der Adressaten mit oder ohne allquantifizierte Zeiten. Vielleicht überblicke ich jetzt nicht ganz die Reichweite Ihrer Exempel, aber mir scheint, daß geringfügige Umformulierungen ihnen die widerlegungstüchtige Pointe nehmen könnten. Soweit ich sehe, hat Kant durchaus nicht so zufällig, wie Sie suggerieren, die Zeitvariable unbestimmt gelassen und die Gültigkeit für alle Vernunftwesen ausgewählt.

Zwei Ihrer Maximen, die gegen Kant sprechen sollen, klingen etwas konstruiert und haben das Besondere, die Ewigkeit ihrer Geltung gerade durch ihre eigene Realisierung unmöglich zu machen. Nun hat Jesus laut Kirchenlehre die Menschheit überhaupt nicht erlöst durch sein moralisches Handeln, das der Christ lebenslang nachahmen soll, sondern durch eine Gnadentat Gottes gerade am unmoralischen Handeln aller Menschen. Sonst müßte jeder Mensch die „Imitatio Christi" soweit treiben, durch sein Handeln jedesmal die ganze Menschheit erlösen zu müssen, was ja per definitionem unmöglich ist, weil er erlösungsbedürftig und nicht selbsterlösungsfähig ist. Das von Ihnen gewählte Beispiel ist nicht elementar genug, weil Jesus - christlich verstanden - nicht weniger ganz Gott als ganz Mensch sein soll, und welcher Weltfremde kann schon etwas moralisch „ein für allemal" tun, damit für andere nie mehr etwas zu tun übrig bliebe?

Die andere Maxime will Übel der Welt „auf ewig" ausrotten. Natürlich nur, solange noch welche da sind − und damit sie nicht wiederkehren. Es ist ein großer Unterschied, ob eine Maxime nicht gilt, weil sie unmoralisch oder weil sie schon realisiert und damit erst einmal gegenstandslos geworden ist. „Handle nach der Maxime, daß all diese Übel ausgerottet (bleiben) werden!" In dieser Formulierung verschwindet der Sophismus sofort. Die Maxime aufrechtzuerhalten hat dann den Sinn, immer möglichen Rückfällen vorzubeugen. Daß eine Maxime nicht für alle Zeiten sinnvoll ist, beweisen Sie durch die Maxime, die sich durch Realisierung überflüssig macht, aber Kriege und Folter bleiben als Möglichkeiten und Gefahren immer präsent. Vielleicht ist es nicht sinnvoll, etwas zu wollen, was für alle schon erreicht ist, aber widersprüchlich ist es nicht, und was erreicht ist, muß daran gehindert werden, wieder verlorenzugehen. Ist Ihr Exempel nicht etwas spitzfindig erklügelt, um der Allgemeingültigkeit von Normen glücklich zu entgehen? Ich antworte mit der Haarspalterei, daß eine schon realisierte Maxime eben nur eine vorübergehende Nullmenge von realistischen Handlungen bestimmt.

Wenn meine Maxime, andere zu begaunern, *bis ich reich bin,* allgemeines Gesetz wäre, wüßte natürlich jeder andere, daß es meine Maxime so gut wie seine ist. Durch Generalisierung würde meine Maxime zum öffentlichen Geheimnis und zur Sache aller, sie wäre kein Hintergedanke mehr. Jedem wäre bekannt, was ich gegen ihn vorhabe, und jeder dürfte bei mir voraussetzen, was er gegen mich im Schilde führt. Der von Ihnen ausgewählte Spitzbube könnte keinen Tag lang sich bereichern, sobald alle Menschen dieselbe Maxime verfolgten und das natürlich auch voneinander wüßten. Diese Verallgemeinerung meines Vorsatzes, Geborgtes nie zurückzuzahlen, bedeutet, „daß niemand glauben würde, daß ihm was versprochen sei, sondern über alle solche Äußerung als eitles Vorgeben lachen würde" (Kant : „Grundlegung zur Metaphysik der Sitten", Stuttgart 1978, S. 70), bedeutet also, dass jeder meine Hintergedanken kennt und teilt. Kant sagt wie Sie: „Das Wesentlich-Gute derselben (Handlung) besteht in der Gesinnung, der Erfolg mag sein, welcher er wolle." (a.a.O., S. 61) Aber er sagt auch, daß sein Imperativ „nicht bloß für Menschen, sondern für alle vernünftigen Wesen überhaupt, nicht bloß unter zufälligen Bedingungen und mit Ausnahmen, sondern schlechterdings notwendig gelten müsse ..." (a.a.O., S. 30).

Wie kann jeder nach derselben Maxime wie ich nicht nur zufällig handeln, wenn er nicht wüßte wie ich, daß ich nach derselben Maxime handele wie er? Ein allgemein geltendes Gesetz muß auch allgemein bekannt sein. Jeder weiß, daß ich es kenne und weiß, daß jeder andere es als allgemeine Maxime kennt... Das steckt doch „analytisch" schon im Begriff des „allgemein geltenden Gesetzes", und wenn Sie das nicht zugestehen, sind Ihre Einwände natürlich triftig.

Wenn jeder wüßte, daß ich Gauner sein will, *nur bis ich reich bin* (damit mein Reichtum danach mir bleibt), dann würde er mich am Reichwerden hindern. Und wenn jeder wie ich Gauner sein wollte, *bis er selbst reich ist,* dann würde jeder andere ihn daran hindern, weil jeder weiß, daß es alle wissen... Der Spitzbube, der seine Maxime nur so lange gelten lassen will, wie er noch keinen zu verteidigenden Reichtum ergaunert hat, täte besser daran, seine Lumpen-Maxime nicht ein allgemein geltendes und bekanntes Gesetz werden zu lassen, wenn ihm die Beute nicht vor dem Reichwerden abgejagt werden soll. − Es sei denn, er wäre zufällig der größte Lump, der alle besiegt.

Kantkritiker übersehen leicht, daß die einschränkenden Zusatzbedingungen, die die üblen Maximen nobilitieren sollen, sie gerade ausschließen : Wie kann ich wollen, daß meine Lumpen-Maxime nur bis zu meinem (oder Ihrem) Reichwerden die Maxime aller wird, wenn ich dabei befürchten muß, wie die meisten nicht nur nicht reicher, sondern noch ärmer zu werden für immer? Auch wenn ich Geliehenes immer nur unter bestimm-ten Bedingungen zurückzahlen wollte, würde mir eben unter bestimmten Bedingungen auch noch etwas geliehen, aber meine Maxime wäre damit auch um genau so viel weniger unmoralisch.

„Für alle Vernunftwesen" impliziert ja natürlich: solange es solche gibt. „Für alle Menschen": Monologisch nehme ich vorweg, was ich ihnen dialogisch offenbaren müßte. Der Imperativ sagt stellvertretend, was die Menschheit sagen würde, wenn sie mich sähe. Fichtes Fassung ist ein Rückfall hinter Kant : Was nur für alle Fristen meines Lebens gelten soll, ist moralisch noch indifferent, bestenfalls eine Sache des Stils und beliebiger Selbsttreue.

Von freier und „nicht-auferlegter Selbstbewirkung" können Sie kaum sprechen, ohne Ursache und Wirkung schon vorauszusetzen. „Verschärft nicht-auferlegt", also selbstbewirkt ist meine eigene Selbstbewirkung doch wohl, sofern ich selber Ursache dafür bin, *daß* ich Ursache meiner selbst bin. Ich müßte dann aber auch Ursache meiner Ursache, Wirkung meiner Wirkung sein. Wenn ich Ihren Hinweis berücksichtige, daß ich keine passive Wirkung auf eine aktive Ursache folgen und an mir geschehen lassen soll, muß ich zu ebenso anschaulichen wie paradoxen Wendungen greifen, um sachgerecht zu bleiben: Subjektivität impliziert primär ihr eigenes affektives Betroffensein, das mir also nicht nur von außen passiert, sondern ich bin dann gleichsam immer schon so etwas wie der Komplize dessen, was mir emotional zustößt, und muß umgekehrt meine eigene Stellungnahme dazu erleiden können. „Leidenschaft" meint schon ein Ineinander von Aktion und Passion.

Bin ich dann nicht „affektiv betroffen" von der „kausalen Macht meiner eigenen Initiative" und gleichzeitig der verantwortliche Regisseur wenn nicht aller mich treffenden Schicksalsschläge so doch aller daraus für mich erwachsenden Gefühlsverwirrungen? Was auch immer mir zustößt, stößt mir (auch) durch mich selbst zu, und ich bin auch affektiv darin verfangen, *daß* darin meine Initiative steckt. Nur so entgehe ich ja diesem Selbstzuschreibungsparadox, daß ich Ursache und Wirkung meiner selbst bin. Mein „Ich" und mein „Selbst" werden nicht nachträglich kausal aufeinander bezogen, sie folgen primär nicht aufeinander und auseinander. Von einer chaotischen Vielfalt betroffen sein heißt auch, selber von sich selbst betroffen sein, aber nicht von einem Ich-Ding. Selbstvergessene Selbstbewirkung ohne Selbst : Ich bewirke selber meine eigene Betroffenheit mit und bin affektiv mitbetroffen von meiner Gesinnungsfreiheit. Aber ist diese Beschreibung nun gut getroffen?

Die potentiell unendlich reflexive Selbstaufstufung des Ich ins Selbst lassen Sie zu Recht terminieren schon bei der prä-objektiven Selbstaffektion meiner Situationsbetroffenheit, die ihre objektiven Bestandteile je nach Perspektive aus sich herausprojizieren kann zu einer „Außenwelt", die bis zur Anämie „abgeschält" sei von meiner Gefühlswärme.

Ist das Ich also Miturheber selbst seiner ungewolltesten Widerfahrnisse und jede Erregung immer auch freiwillig unfreiwillige Selbsterregung? Sicher, in Liebe fällt niemand wie in einen Wildbach, ohne auch ein bißchen hineingesprungen zu sein. Niemand wird von seinen eigenen Gefühlen ganz mitgerissen, ohne sich mitreißen zu lassen oder gar sich mit hineinzu-stürzen. Aber dann ergreift auch niemand eine Initiative, ohne von ihr ein bißchen überrumpelt und mitgeschleift zu sein. Kommt solche Formulierung Ihrer Intention nahe genug?

Ich *bin* Ursache und habe keine, ich habe Wirkung und *bin* keine, sofern Ursache und Wirkung nur als Bestandteile einer chaotischen Vielfalt genommen werden. Ist Selbstbewirkung als Aseität nicht nur Selbstentzündung an der eigenen Selbstentzündung, sondern auch so etwas wie Parthenogenese und Selbstschöpfung nicht aus einem vorausgesetzten S-ich, das aus seiner Situationsbetroffenheit abstrahiert ist, sondern aus dem N-ich-ts, so wie der Herrgott sich aus sich und die Schöpfung aus nichts kreiert hat? Sehen Sie freie Münchhausen-

Gesinnung als *creatio continua ex nihilo* und als anthropologisches perpetuum mobile? – Reißt denn das Gänseblümchen sich wirklich mit einem Ruck selber aus dem Wiesenboden?

Sie schreiben, daß „Selbstbewirkung" und etwa soziogene Fremdverursachung einander so wenig ausschließen wie zwei tödliche Schüsse auf die selbe Person, aber kann nicht auch schon bei Kant jede Erscheinung als ganzes Resultat beider Konkurrenz-Causalitäten – aus Natur wie aus Freiheit – betrachtet werden? An dieser Gleichzeitigkeit (wenn auch nicht zweier Teile derselben Person) habe ich meine Zweifel. Ich denke eher, mal bin ich frei, mal unfrei, je nach Situation, und ist es wirklich ausgemacht, daß meine „Selbstbewirkung" nicht hinterrücks selbst gesellschaftlich zutiefst vermittelt ist? Keinem Phänomen ist es anzusehen, ob es aus Natur oder aus Freiheit kommt, aber laufen Selbst- und Fremdbewirkung wirklich unvermittelt nebeneinander her? Freiheit ist Vollbedingung von Verantwortung, ja, aber verschieben Sie die ungeliebte Kausalität nicht nur von der Normenbindung auf die Selbstbewirkung? Kann man sagen, Ihre Freiheit sei unbedingte Bedingung, nicht um mit Kant eine Reihe neuer Phänomene anzufangen, sondern um sich in neue Betroffenheiten affektiv zu verfangen und sie kognitiv zu kommentieren?

Wir bleiben beim Thema, wenn ich mich nicht ganz geschlagen gebe in der Frage nach Handeln entweder aus Gesinnung oder nach Maximen.

Ihr Einwand leuchtet ein, scheint meinen Gedanken aber noch nicht zu erschöpfen. Unsere „moralisch relevante Handlung" folgt zumeist nicht der Maxime, die sie vorschiebt, sondern einer anderen, die sie dahinter verbirgt. Davon leben die Moralisten, die ja keine Moralprediger sind, sondern die „Französischen Moralisten", die Psychoanalytiker des 18. Jahrhunderts, sind „philosophes", die ihren vielen Adressaten Maximen zuschreiben, die diese nicht wahrhaben wollen. Kant, das war ja auch Rokoko, von den Concetti Gracians bis zu den Reflexionen Chamforts. Jede Maxime Chamforts unterstellt dem Leser uneingestandene Lebensmaximen und appelliert an seine Aufrichtigkeit, sich darin wiederzuerkennen : „Wenn du, lieber Leser, ehrlich wärst, dann müßtest du widerwillig einräumen, daß deine Haus-Maximen unehrlich sind."

Wenn Kant uns auffordert, nach Maximen zu handeln, dann setzt er voraus, daß wir das ja meistens gar nicht tun, sondern diese imperativische Aufforderung ist schon Teil der moralischen Forderung. Daß wir gewöhnlich unmoralische (selbstwidersprüchlich ungeneralisierbare) Maximen hinter moralischen Grundsätzen verbergen, ist ja unmoralisch hoch Zwei, unaufrichtig oder nur neurotisch unbewußt. Um vor mir verbergen zu können, *daß* ich etwas vor mir verberge, muß ich aber schon wissen, *was* ich da ständig vor mir verheimliche.

Moral ist für mich keine Wert-Schicht über einer Seinsschicht, sondern nur eine praktische Konsequenz aus Naturgesetzkenntnissen. Wer mich für zurechnungsfähig erklärt, macht mich nicht zum Werkzeug des Zeitgeistes, sondern zum Co-Autor meiner Maximen, die ja oft nur Normbegründungsversuche sind. Explizieren wir Kant: Mache dir die Maxime bewußt, nach der du handeln willst oder auch schon gehandelt hast, und prüfe sie, bevor du handelst, auf Allquantifizierbarkeit der Adressaten in dieser Handlungssituation. Lasse ich mich besinnungslos vom Zeitgeist tragen, ermahnt mich Kant, moralisch zu denken, d. h. nicht die moralische Maxime vorzugeben, sondern die oft unmoralische dahinter aufzudecken.

Der Rationalisierungsverdacht, den Sie generalisieren, spornt nur an zur Aufrichtigkeit der Maximensuche. Kant liefert nur das rationale Unterscheidungs-kriterium zwischen wahren und rationalisierenden Grundsätzen, und das ist gar nicht wenig. (Auch Sartres „mauvaise foi", die geteilte und bedingte Wahrhaftigkeit unter geistigem Vorbehalt, durch die ich nie zu packen bin, weil ich mich immer jenseits dessen erkläre, worauf ich jeweils festzunageln wäre, sticht hier nicht.) Kurzum : Die Maximen, auf die wir uns berufen, sind oft so vorgeschoben, wie die geltenden Kollektivgefühle oft unmoralisch sind. (Das ist auch so eine Maxime, nach der niemand handelt.) − Muß man die ihnen zugrundeliegenden Maximen nicht erst explizieren, um die Kollektivstimmungen auf Recht und Moral prüfen zu können? Kant gibt die meta-moralische Maxime vor, um Maximen auf Moralität zu prüfen.

Mit Kant geht es darum, ob die Selbstrechtfertigung eines Verhaltens zu rechtfertigen ist. Er prüft nicht Haltungen, sondern Prinzipien, und der explikative Weg von der Gesinnung zur Maxime ist dazu notwendig. Kant sagt nicht, daß wir nach Prinzipien handeln, sondern daß die Moral verlangt, nach gesetzfähigen Maximen zu handeln, statt sich von kollektiv geltenden Rechtsgefühlen wegtragen zu lassen, denn *nicht jede Sitte ist sittlich.* Er gibt selbst zu, daß niemand weiß, ob es auch nur eine einzige moralisch motivierte Handlung auf der Welt je gab. Wir können nur raten, welche Gesinnung ich habe, und vielleicht täuschen wir uns beide dabei.

Ein Kant weiß, „daß wir denn gerne uns mit einem fälschlich angemaßten edlern Bewegungsgrunde schmeicheln, in der Tat aber selbst durch die angestrengteste Prüfung hinter die geheime Triebfedern niemals völlig kommen können...“ (a. a. O., S. 48)

Wen die Sache mit den Maximen stört, dem hilft Kants Kritiker und Fichtes Lehrer Maimon, der auf den Willen abstellte : „Handle so, daß dein jedesmaliger Wille als der Wille eines jeden vernünftigen Wesens gedacht werden könne." Das hat den Vorteil, bei Verallgemeinerung nicht abstrahieren zu müssen von allen Besonderheiten einer Situation. Kann ich wollen, daß alle Vernunftwesen wollen, nicht *was* ich will, sondern *daß* ich will, was ich will? Kann ich denn wünschen, daß jedes Ver-

nunftwesen wünscht, ich möge so handeln, wie ich
es vorhabe, und muß jedes Vernunftwesen meiner
Handlung zustimmen können?

Wenn in S. Maimons Formel der „Wille"
durch "Gesinnung" ersetzt würde, kämen wir dann
Ihrem Moralbegriff näher, ohne Kant opfern zu
müssen?

Was meinen Sie, gibt es so etwas wie anth-
ropologisch invariante Leibeskategorien oder Be-
troffenheitsformen, durch die wir aus den „chaotischen Mannigfaltigkeiten" der uns affizierenden
„Atmosphären" vorweg immer schon etwas heraus-
filtern, etwa durch „spezifische Sinnesenergien"
oder durch Verarbeitungsschemata? Früher wurde
die Freiheit *von* Affekten gesucht; suchen Sie nun
Freiheit *durch* Affekte?

„Nicht-auferlegte Selbstbewirkung", heißt
das nicht auch, daß ich „kausale Macht" selbst über
meine „Gesinnungsfreiheit" (von Kausalketten wie
von grundlosem Zufall) habe und also auch frei bin,
frei oder nicht frei zu sein? Dann aber wäre ich mit-
verantwortlich auch für meine (Un-)Verantwort-
lichkeiten und nicht, wie Sartre meinte, „zur Freiheit
verurteilt" − ob nun vom Teufel oder vom lieben
Gott, ganz gleich.

Zurück zur Ethik. Sie geben sich große Mü-
he mit meiner Begriffsstutzigkeit, aber daß Kant
unter Allgemeingültigkeit des Sittengesetzes die

Verbindlichkeit für *alle* Kinder Gottes versteht, halten Sie für eine ebenso „willkürliche Usurpation", wie ich Ihre Einschränkung der Normverbindlichkeit auf die zu einer gegebenen Zeit „möglichen Beliebigkeitsweisen" eines Adressaten halte. Ihre Definition scheint mir ebenso notwendig, aber nicht ebenso hinreichend wie die Kants, weil Sie diesen Universalismus des Sittengesetzes bestreiten und nur die normative Kraft faktischer und regional kontingenter Rechtsgefühle anerkennen wollen, falls ich richtig sehe. Wenn Sie die Verbindlichkeit einer Norm allerdings von vornherein so definieren, daß ihr Gegenstandsbereich nie aus vernunftbegabten Wesen bestehen darf, dann behalten Sie natürlich Recht, aber das scheint mir „willkürliche Usurpation" und fast etwas „unmoralisch": Wird die Sache hier durch terminologische Festlegung nicht ohne Not einfach vorentschieden?

Kant leitet das Sittengesetz aus der Form einer *absolut* verbindlich geltenden Norm ab, aber eine solche universell adressierte Norm, die allgemeines Gesetz werden sollte, lassen Sie von Ihren Prämissen her eo ipso gar nicht erst zu, weil Sie den monotheistischen Universalismus nicht anerkennen. Sie sprechen von einem frommen Menschen, der aus *seiner* Perspektive das Gesetz Gottes an alle Menschen *adressiert* sieht. Monotheismus heißt aber, diese Perspektive für alle Menschen mit dem zwanglosen Zwang des Rechtes fordern zu dürfen, aber nur, soweit die Religion das Sittengesetz Kants zum ethischen Kern hat, und nicht, sofern sie eine nur oktroyierbare Weltanschauung wäre.

Was immer und überall gültig ist, das sollte gelten, gilt aber zumeist nichts : Was de facto an Rechtsgefühl gilt, gilt deshalb doch noch lange nicht de iure. Was Sie Recht und Moral nennen, ist für Kant und für mich auf Recht und Moral noch gar nicht geprüft, sondern eher normative Kraft des Faktischen. Daß Kants Ethik-Typ so häufig „homogenistisch" ge-scholten wird, muß ein Vorurteil sein. Kant walzt doch die Individuen nicht durch ein allgemeines Gesetz platt, sondern formuliert so etwas wie ihre übergreifenden „Kompossibilitätsbedingungen" in einer Menschheit. Wenn die Freiheit des Willens in seiner Selbstgesetzgebung besteht, dann haben Sie bei Kant so etwas wie eine subjektive Rekonstruktion des göttlichen Gesetzes: Jeder Mensch schafft das universelle Gesetz von den Bedingungen der Kompatibilität aller individuellen Gesetze in sich nach, er setzt es praktisch durch seinen freien Willen − oder durch seine Gesinnung − neu in die Welt und erfindet das Rad der Geschichte immer wieder neu in der eigenen Person.

Bei Kant ist die biblische Theorie sozusagen transzendental subjektiviert, wenn Sie mich fragen. Kants Imperativ ist eine Norm, die meist gar nicht verbindlich gilt, sondern deren Geltungsanspruch darin besteht, daß sie für alle Menschen aller Zeiten gelten sollte, wenn es mit rechten Dingen zuginge.

Was Ihre Anti-Kant-Beispiele angeht, fühle ich da mich ebenso unverstanden wie auch Sie. Das „Erlösungswerk Christi" ist historisch einmalig, gewiß, aber eben nicht als moralisches Handeln eines Menschen, sondern als eine unverdiente Gnade Gottes gedacht. Dogmatisch gesehen ermöglicht eher das Erlösungswerk Christi unser moralisches Handeln als umgekehrt ein moralisches Handeln die christlich verstandene Erlösung.

Und die Ausrottung des Pockenvirus, die Sie anführen, ist erstens an Hygiene-Bedingungen gebunden und nicht endgültig, wie Ihnen jeder Mediziner bestätigen wird (siehe auch die weltweite Rückkehr der besiegt geglaubten Tuberkulose selbst in Hochindustrie-Nationen), und zweitens eine primär naturwissenschaftlich-technische Hochleistung ziemlich unabhängig von der Selbstlosigkeit der Forscher. Ich bleibe dabei : *Moralisch* „ein für allemal", so daß niemandem *moralisch* mehr etwas zu tun übrig bliebe bis ans Ende der Welt, können nur Gewalt-Utopisten etwas tun wollen. (Der Mensch ist nun einmal böse von Pubertät auf, sagt Gott in *Genesis* 8 / 21, und aus krummem Holz geschnitzt, fügt Kant hinzu.)

Aber durch zeitliche Limitationen verwirft Kants Kriterium nicht nur keine löblichen Grundsätze, sondern nobilitiert auch gar keine Halunken-Philosophien. Ihre Ad-hoc-Maxime war : Jeder gegen jeden, doch nur, bis ich selbst reich bin.

Das aber hat gar nicht die notwendige Form eines allgemeinen Gesetzes. Ein Gesetz, das von einem Gesetznehmer aufgehoben werden kann, für den es doch wie für alle gelten soll, hat ja seine eigene Gesetzesform aufgehoben. Versuchen wir es noch einmal anders herum mit einer unverbrauchteren Version Kants : „Handle so, als ob die Maxime deiner Handlung durch deinen Willen zum *allgemeinen Naturgesetz* werden sollte." („Grundlegung zur Metaphysik der Sitten", Stuttgart 1978, S. 68). Ein Naturgesetz gilt immer und überall oder ist keines. Es kann nicht immer und überall gelten, was zugleich nur solange gilt, bis ich reich geworden bin, und gar nicht darüber hinaus.

Ein zeitlich beschränktes Naturgesetz ist gar keines. Kurzum : Kann ich wollen, daß alle Leute und *für immer* sich übers Ohr hauen, *bis* ich reich geworden bin? Mitnichten, denn diese beiden Zeitangaben widersprechen einander schon logisch.

Auch diese Gauner-Maxime kann also nicht Naturgesetz werden, aber der Wille, Kriege auszurotten, kann Gesetz werden, weil es ihm nie an Gelegenheiten fehlen wird. Und wäre ein Gesetz, das denen unbekannt bliebe, für die es gelten soll, überhaupt ein Gesetz? Daß es keines ist, ist doch wirklich eine analytische Tautologie.

Sie sprechen vom „unbedingten Ernst" der persönlichen Gewissensnorm, aber die Stimme des Gewissens kann, wie Freud am Über-Ich gezeigt hat, gerade sehr unmoralisch sein oder unbemerkt nur soziale Vorurteile wiedergeben. Wo hat Ihre Philosophie ein Kriterium, um die Moralität eines Gewissens zu prüfen? Was garantiert da der „unbedingte Ernst" eines weit Emanzipierten, und was macht die Autorität dieser Gefühle unkritisierbarer als das Sittengesetz? Wer sich auf sein Gewissen beruft, kann immer noch ein Schwindler sein oder sich selbst nicht gut genug kennen. Geht die „Aufforderung zum Selbstbetrug", von der Sie sprechen, nicht eher von Ihrer als von Kants Ethik aus?

Wer Maximen nicht mag, der kann mit Maimon ja auch Kants „autonomen Willen" haben. Oder: Handle nur so, als sei deine Gesinnung allgemeingültig, d. h. gesetzgebend. Sie lassen Normen nur gelten „für jemand zu einer Zeit". Ein Monotheist aber kann aus dem subjektiven Blickwinkel der Gottesidee die Selbstgesetzgebung der Vernunft für alle Menschen bis hin zum messianischen Ende aller Dinge nicht preisgeben, ohne seinen Denkprinzipien und sich selbst untreu zu werden.

Anders gewendet : Moralisch sind in meinen Augen (und in Ihren Termini) nur jene Normen (oder Regeln?), von denen ich wollen kann, daß sie für jeden Menschen in Bezug auf seine möglichen Beliebigkeitsweisen zu jeder Zeit verbindlich gelten. Bezeugt die „Autonomie des Willens" wirklich die „Arroganz der Vernunft", und mißverstehe ich Sie immer noch, oder sehe ich die Dinge hier einfach anders?

Kants „subjektive Zwecke" und „hypothetische Imperative" sind Ihre „unverbindlichen Normen". Wenn Menschen bewußt nach Normen handeln, dann müssen diese Normen sich sprachlich auch explizieren lassen. Sprechen Kant und der biblische Dekalog in Ihrer Terminologie nicht auch von moralischen *Regeln* und (objektsprachlichen) Gesetzesregelungen des menschlichen Zusammenlebens, meinetwegen eingelassen in kollektive Gesamtgesinnungen? Sie sehen *Normen,* also Verbote und Gebote, als „Programme möglichen Gehorsams" und *Regeln* als Normen mit *unbestimmt* häufigem Gehorsam. Morde nie, stehle nie, hure nie, verleumde nie ... : Das gilt für alle Menschen bis zum Ende aller Dinge (bis Gott dieses Gesetz aufhebt), und zwar immer, wenn die betreffende Situation da ist.

„Allgemeines Gesetz" heißt auch nicht, daß alle Menschen, die je gelebt haben oder je leben werden, erst befragt werden müßten, was wäre, wenn sie alle nach einer Norm oder Maxime lebten. Ist diese Allgemeinheit nicht eine faktisch unbestimmt gelassene und potential-unendliche Menge, eine in Ihrem Sinne „chaotische Mannigfaltigkeit" möglicher Adressaten und Situationen, die einzeln gar nicht abzählbar vorweg feststehen, aus der ich aber jeden beliebigen jederzeit herausgreifen können muß?

Was gibt der von Ihnen zu Recht hervorgehobenen Autorität von Rechtsgefühlen denn das Autoritative, was macht faktisch geltendes Recht erst rechtmäßig und geltende Moral erst moralisch?

Doch nicht, daß sie faktisch gelten. Sind die von Ihnen strukturell beschriebenen Moralnormen nicht alle etwas unmoralisch, sofern sie nur ganz zufällig (natur)gesetzfähig wären?

Was z. B. für alle Untertanen Stalins galt, waren „nicht-imperativisch" (nicht an den Tyrannen gebunden) und mit „exigenter Nötigung verbindlich geltende Normen" von „unbedingtem Ernst" aus der unkritisierbaren Autorität kommunistischer *Rechtsgefühle*, und doch werden Sie sicher mit mir einig gehen, daß sie oft fast ohne Recht und Moral waren. Wo wäre Ihr Trennkriterium?

All diese bewundernswert feinen Begriffsdistinktionen des „Rechtsraumes" macht Ihnen derzeit niemand nach; ich mache sie mir gern und dankbar zu eigen − doch immer eingedenk, daß es eher die Argumente der Juliette sind, während die Argumente der Justine eher bei Kant stehen. Ich halte Sie gewiß nicht für den Marquis de Sade der praktischen Phänomenologie, aber wenn alle Menschen unverstockt ehrlich wären, müßten sie dann nicht auch widerwillig zugeben, daß die allgemeine „Menschenrechtsdeklaration" kein Ehrenkodex von Räuberhöhlen ist?

Faktisch gilt ein vom deutschen Bundestag beschlossenes Gesetz nur für alle ansässigen Gebietsbürger, bis ein anders lautendes Gesetz verabschiedet ist, aber Recht und Moral enthält es wie

jedes Gesetz nur, *soweit* es widerspruchslos auch für
alle Menschen aller Zeiten gelten könnte (von den
Kontextverständlichkeiten einmal abgesehen, die
nur Explikationsmodalitäten betreffen). Kann ich
wirklich nicht widerspruchslos wollen, daß die rei-
nen „Grundrechte" auch für Steinzeitmenschen ge-
golten hätten und noch für Kosmonauten des Jahres
3000 gelten sollen?

Daß mein letzter Brief Sie nur deprimiert
hat, deprimiert mich nun selber, denn ich wollte
nichts weniger als das. Traurig macht mich vor allem, daß Sie mir eine dogmatische Voreingenom-
menheit und sich selbst eine phänomenologische
Neutralität attestieren.

Aber es bringt nichts, den Spieß einfach
umzudrehen. Wenn ich ein „moralisches Bekennt-
nis" ablege, dann doch zu einer nicht unbegründba-
ren moralischen Theorie. Was Sie meine „dogmatische Moral" nennen, folgt immerhin aus einer reli-
giösen *Ur-Hypothese* der Menschheit, und schon
damit habe ich sie wissenschaftlich falsifikabel formuliert. Diese Theorie des „Absoluten" wird vom
differentiellen ethischen Relativismus der Polytheis-
ten gewöhnlich abgelehnt, um dem „ethischen Absolutismus und Homogenismus" zu entwischen.
Absolutismus verstehen Sie als eine Unabhängigkeit
von der Perspektive, aber im Monotheismus resul-
tiert die homogen universelle Adressierung gerade
daraus, daß *jedes* Kind Gottes die Perspektive der
Gottesidee annimmt. Wenn Sie es phänomenolo-

gisch neutraler finden, können Sie das Argument auch umkehren und sagen, daß die Menschen auf die monotheistische Perspektive kamen, um Grundnormen universell adressierbar zu machen.

Seien Sie mir nun bitte nicht böse, aber entweder ist auch Ihre Moraltheorie dogmatisch oder die meine ebenso wenig. (Natürlich kann man Sollsätze diskutieren wie Seinssätze *zweiter Ordnung,* sit venia verbo, und das tun wir hier ja.)

Sie wollen die Geltung der moralischen Normen herleiten aus einer Begründung moralischer Verbindlichkeit im „unbedingten Ernst" der Gewissensautorität, gut. Woraus aber leiten Sie diese Normgeltung her, wenn Sie doch Kants Gesetz ablehnen?

Verbirgt sich in dem „unbedingten Ernst", mit der Sie für Normen Partei ergreifen, nicht die blanke subjektive Willkür, der Kant gerade Grenzen setzen wollte? Sie messen die Verbindlichkeit Ihrer Normen am zufälligen Entwicklungsstand oder an den Entwicklungsmöglichkeiten Ihrer Kritikfähigkeit, aber woran eichen Sie die Qualität Ihres kritischen Vermögens? Wenn mir eine Norm wie das Sittengesetz Kants zufällig nicht in den Kram paßt, kritisiere ich sie mit Gründen, die mein „unbedingter Ernst" aufwerten soll, aber sobald mir eine Norm schmeichelt oder sonst gefällt, unterwerfe ich mich ihr bereitwillig und finde nichts mehr an ihr zu kriti-

sieren. Es tut mir leid, schimpfen Sie oder lachen
Sie mich aus, mein Kopf gibt nichts anderes her:
Genau jene geheime Aufforderung zum Selbstbetrug, die Sie in Kants reiner Maximen-Ethik heraus-
fühlen, entdecke ich in Ihrer Berufung auf ein Gewissen, das durch kein Sittengesetz geprüft ist.

Woran und wodurch scheitert denn Ihr
„Versuch einer kritischen Erhebung über den ver-
bindlichen Anspruch der Norm", wenn er einmal
scheitert? Dazu rekurrieren Sie auf das Niveau personaler Emanzipation, und das bestimmt sich aus
der Distanz zum affektiven Betroffensein und zur
Regression auf leibliche Enge. Wenn der „unbedingte Ernst" mehr als rationalisierte Willkür sein soll,
mit der kontingente Neigungen nur dezisionistisch
bemäntelt werden, kann ich nicht erkennen, woran
nun das Niveau personaler Emanzipation zu messen
wäre. *Petitio principii* : Beißt die Katze sich hier
nicht in den Schwanz? Schneidet Ihre relativistisch
diffe-rentistische Definition die Normen nicht geradezu normativ ab von jeder möglichen Moralprü-
fung? Sie kennen keine „absoluten Normen", aber
verabsolutieren Sie nicht nur die Normenrelativie-
rung?

Wenn alle eine Maxime akzeptieren, ist es
nicht trivial, daß es allgemein bekannt ist, ob sie
akzeptiert wird oder nicht, da stimme ich zu, aber
darum geht es hier nicht. Hier genügt schon die
Trivialität : Mit einem allgemein geltenden Gesetz,
das diesen Namen verdient, muß man sich allgemein
bekannt machen können.

Natürlich können Sie unter dem Gegenstandsbereich einer Norm gern die jeweils möglichen „Beliebigkeitsweisen eines Adressaten" verstehen, aber im Falle moralischer Rechtsnormen wird dieser Gegenstandsbereich ja spezifisch eingeschränkt auf das durch die Form allgemeiner Gesetze noch Zugelassene. Ist es nun nicht „willkürliche Usurpation", dieses willkürlich usurpiert zu nennen?

In gewisser Weise wiederholen Sie gegen mich nur Hegels bekannte Argumente gegen Kants „moralische Weltordnung" in der „Phänomenologie des Geistes". Kant wolle die böse Sinnlichkeit aufheben und brauche sie doch ewig, damit seine Sittlichkeit etwas zum Aufheben habe, getreu dem Bonmot, nach dem die Polizei ständig das Verbrechen brauche, das sie ständig bekämpfe. Moralisch gut sei einerseits erst die Realisierung der guten Maximen, andererseits schon der bloße gute Wille zum Unerreichbaren. Wie bei Ihren Beispielen zur Zeitquantifizierung sieht Hegel Kant in einem „ganzen Nest von Widersprüchen" sich verwickeln, die er aufhebt durch Übergang zum Gewissen – wie Sie. Aber er zeigt auch sehr gut, daß dieses Gewissen sich selbst in eben jene Widersprüche verwickelt, die es aufheben wollte, und daß es kein Letztes sein kann, wenn es nicht als „schöne Seele" des Novalis enden wolle, die den Tatmenschen Napoleon, der sich objektiv die Hände für sie schmutzig machen müsse und deshalb auf sie herabsehe, in aller subjektiven Selbstgerechtigkeit moralisch verurteile. Hegel sieht sehr richtig, daß der „unbedingte Ernst" der subjektiv aufrichtigen Gesinnung und der unbedingte Ernst der richtigen objektiven Taten auseinanderfallen und nun moralisch übereinander herfallen müssen. Erschleicht das faktische Gewissen sich hier nicht nur seine normative Kraft? Gewissen könne das Edelste wie das Niederträchtigste sein, wenn objektive Gewißheit fehle. Die gegenseitige Absolution, die Urteil und Tat einander gewähren müßten, führt Hegel dann weiter zum Absoluten der Religion ... Umgekehrt gefragt : Wenn ich also im Rahmen Ihrer Theorie tatsächlich eine „absolutistisch homogenistische" Moraltheorie verfechten sollte, was spräche eigentlich dagegen?

Kant leitet das Sittengesetz nur aus der Form einer bestimmten Art von Norm ab, nämlich des Gesetzes. Auf meinen Vorschlag zur Güte, bei „Regeln" als Normen mit *unbestimmt* häufigem Gehorsam anzuknüpfen, waren Sie nicht eingegangen. „Morde nie!" Das ist eine Maxime und subjektive Regel, die *auch bei Ihnen* durchaus die objektsprachliche Form eines Gesetzes hat. Wenn individuelle Regeln widerspruchslos Gesetzesregeln werden können, sind sie rechtens und moralisch.

Wie weit Ihre phänomenologischen Deskriptionen neben der Psychoanalyse ihren Nutzen haben, kann ich wohl erkennen, aber nicht, wieweit sie bessere „Alternativen zur Psychoanalyse anbieten". Sie verhelfen nach eigenem Bekunden dem stammelnden Leser dazu, seine eigenen verwaschenen Regungen und Strebungen präziser zu benennen, aber bleibt das in Freuds Sinne Verdrängte nicht verdrängt wie zuvor, wenn ich etwa meine Atemzüge und Blickduelle nun bewußter erlebe und klarer beschreiben kann?

… Nichts gegen Ihre feinsinnige und feinfühlige Eroberung philosophisch bisher ausgeblendeter Themenfelder, die aber ja doch im Vorfeld von Freuds Interesse bleiben. Sie können ihm nicht vorwerfen, er habe vernachlässigt, was ja nie seine Absicht war. Der Widerstand, den Ihre Leser überwinden müssen, sind nicht „psychischer", sondern eher terminologischer Art, denn niemand lernt gern ohne Not ein anspruchsvolleres Vokabular handhaben. In gewisser Weise ist Ihr Vorhaben aber viel ehrgeiziger als das Freuds, da Sie nicht den armen Patienten von seinen quälenden Neurosen, sondern das ganze Zeitalter von seinen verrückt(machend)en Weltbildern heilen wollen.

Einer dieser Defekte, für den Sie Freud blind erklären, ist die Subjektivität, die Affekte gar nicht erst soweit an sich herankommen läßt, daß sie auch nur verdrängt werden könnten. Sie werfen dem Zeitgeist mit einem gewissen Recht vor, z.B. für *vielsagende Eindrücke"* nur in charakteristisch reduzierter Zerrform empfänglich zu sein und zu machen. Selbst der Bildungsbürger geht weder mehr ins Kirchentheater noch in die Theaterkirche, um gemeinsam mit anderen seine Entfremdungen rituell zu kompensieren. Sie haben völlig Recht und beschreiben ganz korrekt den typischen TV-Konsumenten, der mit dem Fernbedienungsgerät heute zwischen fix und fertigen Erlebnisweltpaketen hin und her springt, um verbindlicher persönlicher Ergriffenheit glücklich zu entgehen. Das ist häufig kulturkritisch notiert worden, aber ich sehe es etwas anders. Im beruflichen wie im familiären Bereich ist der von Ihnen beschworene „gemeine Mann" auch heute so „affektief" involviert und bedrängt, daß ihm hin und wieder eine – von ihm selbst ja gar nicht verkannte – Pseudo-Souveränität als TV-Steuermann zu gönnen ist.

Allesverschlingende Suchtgefahren lauern allüberall, sogar in Meditationsübungen. Nichts ist so heilsam, daß irgendwelche Zeitgenossen daraus keine neue Verrücktheit machen könnten. Die ganze passive TV-Berieselung gibt es ja nicht, um kulturkritische Reformer zu animieren, sondern weil die heutige Arbeitswelt kaum anders zu ertragen wäre. Beides sind ineinander passende Komplemente, eines läuft nicht ohne das andere.

Wer von unseren Arbeitnehmern Ihren Empfehlungen folgen würde, verlöre sein Talent, sich in der modernen Industriewelt seine Brötchen zu verdienen, er würde ganz einfach arbeitsunfähig und wäre für diese Gesellschaft fast bis zur Unbrauchbarkeit anspruchsvoll. Die *postmoderne* Welt produziert ja nicht nur Waren, sondern auch genau den Menschentyp, der die brauchen kann und den sie braucht, um sich selber zu reproduzieren. Sie sehen, wie revolutionär Ihre Empfehlungen sind und wie verständlich der Widerstand, der Ihren Ideen hartnäckig entgegengebracht wird.

Ich begrüße dankbar die von Ihnen aufgezeigten „Bereicherungschancen", obwohl ich Leute kenne, die meditieren, weil und bis sie lebensuntüchtig sind. Aber ich würde nicht weniger begrüßen, wenn es mehr Ambitionen auf den Spuren der „symphilosophierenden" Frühromantiker gäbe mit ihrem eleganten Witz, ihrem graziösen Esprit. Sehen Sie auch den Surrealismus als Spielart der „entfremdeten Subjektivität", die mit kombinatorischen Versatzstücken nur noch Fangball spielt? Der von Ihnen nahegelegte gerade Weg von Novalis zum TV-Zombie ist mir hingegen zu polemisch; dazu war Schlegel zu schöpferisch und ist der TV-Zapper zu passiv. Ich frage mich, ob Ihre „entfremdete Subjektivität", die Sie bei Freud vernachlässigt sehen, nicht auch in die Narzißmusproblematik gehört. Mich haben dabei die kritischeren Studien der Psychoanalytiker Kernberg und Bela Grunberger mehr beeindruckt als die sanfteren von Heinz Kohut, der den Narziß eher verständnisvoll freispricht.

Ich frage mich also, ob die *entfremdete Subjektivität* psychoanalytisch nicht gerade verhandelt wird als eine narzißtische Form der Ichschwäche, die alle Affekte unterläuft, welche das idealisierte „Selbstbild" bedrohen könnten. Das klinische Bild reicht dann bekanntlich bis in den Borderline-Bereich. Die alten Zwangsneurotiker und die „belle indifférence" der Hysterikerinnen sind fast verschwunden, weil gesellschaftlich unnütz geworden. Der Stoiker Freud hatte eher Abneigung gegen solche bis in das Psychotische reichenden und heute zum fast anerkannten Sozialcharakter avancierten „narzißtischen Neurosen", die nun das Bild beherrschen und so schwer zugänglich sind.

Den herrschenden Sozialcharakter sehe ich in Kindern, die als Partnerersatz von männerlosen Frauen nie selbständig werden. − Zum guten altmodischen Ödipuskomplex bringt es da kaum noch jemand, sondern nur noch zu klebrigen Mutter-Kind-Symbiosen mit diffusen Gefühlen feindselig vertrotzter Leere. Je mehr Anpassung, desto weniger Leidensdruck, desto therapieresistenter, denn wer nie affektiv sturzbetroffen ist, bleibt allseitig disponibel für Ex-und-Hopp-Genüsse und flexibel einsetzbar für beliebige Zwecke.

Der „Anti-Ödipus" von Deleuze/Guattari scheint der ideologische Stand der romantischen Selbstparodie von heute. Vielleicht verbirgt diese emotional glatte Fassade oft auch eine abgewehrte paranoide Problematik. Vor inflationären Mutterbildern schützt kein kompetentes Vaterbild mehr, und gerade die Welt des technisch Exaktesten bringt doch die allerdiffusesten Ängste hervor. Vielleicht kommt Ihre Philosophie des „Atmosphärischen" da gerade recht.

Für Psychoanalytiker ist es undankbar, mit solchen Menschen zu arbeiten, die das Arbeitsbündnis so selten durchhalten, daß es modifiziert und verwässert werden muß. Die Krankheitsprämie gerade in unserer Gesellschaft läßt es immer seltener zu einem stabilen Leidensdruck kommen.

Diese Krankheiten sind keine mehr, sondern längst sozialisierte Spielarten. Zwischen „Erfahrungshunger" und Erfahrungsangst der Menschen heute : Ist Ihre Methode wirklich besser geeignet, diesem neuen „Sozialisationstyp" zu einem besseren Umgang mit Affekten und Situationen zu verhelfen.

Der vermeintlich „promethische Stolz des aufstrebenden kleinen Mannes" Kant macht den Leser schmunzeln, aber etwas mehr von dieser Tugend des armen Königsberger Sattlersohns wäre den heutigen Herdentieren doch durchaus zu wünschen. Verwechseln Sie heutige Narzisse nicht mit selbständigen Individuen, die sich Affckten aussetzen, ohne sie cool zu unterlaufen.

Daß der erwachsene Erkenntnistrieb diese kindliche Neugier auf das Liebesleben der Erwachsenen sublimiere, sei nur „albern", meinen Sie, wenn er auf das Belauschen des elterlichen Koitus beschränkt werde. Aber Freud spricht auch von dem Bild, das sich Kinder von einer ganzen Familiensituation machen, von geheimer mütterlicher Un-

treue, eigener königlicher Abstammung etc ... Die
Geheimnisse der Erwachsenen wollten nicht nur von
Wiener Kindern um 1890 durchschaut werden, und
gerade die Geschichte von Kain und Abel, die Sie
anführen, beweist das Gegenteil von dem, was Ihre
Ironie damit sagen will.

Abgesehen von ganz frühen Erkenntnisleis-
tungen, die etwa den Unterschied zwischen Unterschied und Ununterscheidbarkeit von der Mutterfigur betreffen, ist das die Urszene aller späteren Be-
dürfnisse nach Entschleierung des Verborgenen.
Man argwöhnt *Dinge an sich* hinter dem, was einem
vorgemacht wird.

Es freut mich, daß wir in der Frage des Zu-
sammenhangs von Liebe und Erkenntnis Anknüp-
fungspunkte gefunden haben zwischen Phänomenologie und Psychoanalyse der Ganzheitserlebnisse
und „gemeinsamen Situationen". Und daß Sie Erkenntnis an Explikation von Sachverhalten binden
und nicht auch auf den „Wahrheitsgehalt ästhetischer Fiktionen" inflationär ausdehnen, kommt mir
durchaus entgegen, obwohl es gute Gegenargumente
gibt.

Das ,Nicht-mehr' des chaotischen Verhält-
nisses erlebt nicht nur das Kleinkind immer schon
als ein ,Noch-nicht-wieder'. Das Baby schreit, weil
es plötzlich Hunger hat, in nassen Windeln friert
oder die Nähe der Mutter vermißt. Ein homöostati-
scher Gleichgewichtsfrieden ist jäh gestört und will
wiederhergestellt sein. Daß wir später auch Zu-

kunftshoffnungen haben, die über bloße Restitutionen hinausgehen, daß wir uns einen „kulturellen Sozialuterus" bauen (müssen) aus vielen spezialisierten Plänen und emanzipierten Projekten, ist allein Folge dieses irgendwann frustrierten Rufes zurück zur Mutter Natur. Das Nicht-mehr-Dösen *nach* dem Schreck ist per se ein Noch-nicht-wieder-Dösen. Schon der Impuls „Nur weg hier!" ist doch vorweggenommene freundliche Weite. Ist nicht jeder Schreck in sich schon ein Drang zurück zum Status quo ante, und ist die Angst-Enge keine dringende Hoffnung auf baldest mögliche Entwarnung?

Ich habe noch eine Frage zu dem, was man die Logik Ihrer Mannigfaltigkeitstypen nennen könnte, und beziehe mich auf „Neue Grundlagen der Erkenntnistheorie". Sie schreiben dort, daß Ihnen „die Eigenständigkeit des instabilen Mannigfaltigen erst kürzlich aufgegangen ist", wo es galt, so etwas wie Selbstbetrug und Selbstkritik zu verstehen, „weil das personale Subjekt dann zugleich unvereinbare Rollen übernimmt"

„ ... das personale Subjekt ist nur als instabiles Mannigfaltiges möglich". „Das personale Subjekt ist ... als instabiles Mannigfaltiges mit unstimmiger, zwiespältiger Mehrdeutigkeit zwischen das Leben in primitiver Gegenwart mit Selbstbewußtsein ohne Selbstzuschreibung und das Leben in der Welt als entfalteter Gegenwart... eingespannt", heißt es bei Ihnen. Die individuelle Biographie verstehen

Sie als personale Situation eines Subjekts, welches nur dadurch immer dasselbe bleibt, daß es zwischen Regression und Emanzipation immer auch „von sich selbst verschieden ist".

Nebenbei : Könnte es sein, daß Sie sich mit dem Konzept des „instabilen Mannigfaltigen" dem psychoanalytischen Ambivalenzbegriff nähern? Sie erwähnen in diesem Zusammenhang auch Sartres „mauvaise foi", die ich immer lieber in doppelter Richtung lese. Einerseits flüchte ich vor konstitutioneller „Selbstverschiedenheit" gern in die numerische Eindeutigkeit fixer Urteile, nagele auch andere gern fest auf beruhigend feste Charaktereigenschaften, flüchte aber vor der harten Identifizierung durch fremde Urteile über mich auch ebenso gern wieder in wolkige Unbelangbarkeit.

Sartre betonte stärker unsere Tendenz, vor der Selbstüberschreitung wegzulaufen zu den Beruhigungsmitteln der sachlichen Selbstdefinition (Ich bin dies oder das, und damit basta!). Unaufrichtig bin ich gerade, wenn ich ganz aufrichtig zu sein verspreche, da ich doch nicht nur bin, was ich zu sein vorgebe, sondern immer auch schon jenseits davon bin, bei meinen Möglichkeiten. (Aristoteles : Quod quid erat esse : Mein Wesen ist, was ich bisher gewesen bin.)

Ich sehe nun auch umgekehrt eine ebenso starke und ebenso *unaufrichtige* Tendenz, ständig auf paranoider Flucht vor klaren Zuschreibungen zu sein.

Wer immer anders und mehr zu sein behauptet als alles, was sich an ihm feststellen läßt, lebt gleichsam in einer habituellen Verfolgungsangst vor dem fixierenden Blick von Erkennungsdiensten, wenn man so sagen darf. (Wer mich beurteilt, hat mich schon verurteilt und zum Objekt degradiert, statt mir großmütig zuzugestehen, daß ich auch das bin, was ich sein könnte und vielleicht morgen schon bin.) Das ist interessant am Existenzialismus.

Ihre Erkenntnistheorie beschreibt sehr gut, daß die Erkenntnis als „Explikation" von harten Tatsachen aus regressiv erreichbaren chaotischen Mannigfaltigkeiten nicht dem Beutezug eines Expeditionsreisenden ähnelt, der seinen Bau verläßt und das Geplünderte in seine Höhle schleppt, sondern der Ernte eines Bauern. Wenn Sie damit so etwas wie ein agronomisches Erkenntnis-Modell bevorzugen, halte ich es eher mit einer *„Erotognostik"*. Die Möglichkeit und Notwendigkeit der Erkenntnisbeziehung entstammt primär einer Liebesbeziehung zwischen Subjekt und Objekt, in der eine frühe Dualunion von Mutter und Kind wiederauflebt, von der sie befeuert und erwärmt wird. Das Urobjekt jedes Subjekts ist immer ein anderes Subjekt und ein objektiviertes alter ego, Sartre hat daran erinnert, und der Ur-Andere war für jeden von uns eine Mutterfigur, woran Freud erinnert hat. Hierbei wirkt der Vater gleichsam als Emanzipator und die Mutter als Regressor in einer idealtypisch durchschnittlichen Familiensituation …

„Adam erkennt Eva". Nicht umsonst fragt der eine, ob der andere denn „von ihm nichts mehr wissen wolle". Ich würde also das Fundierungsverhältnis eher umkehren: „Die Liebe" ist es, die „Neue Grundlagen der Erkenntnistheorie" liefert. Das wird dadurch verdeckt, daß die von Ihnen beschriebene Liebe wie kinderlos unfruchtbar wirkt, weil die „gemeinsame Situation" der Liebenden nur akzidentell ein leibhaftiger neuer Erdenbürger als Frucht der Erkenntnisbemühungen wird.

Ich weiß nun nicht, ob Sie mein Grundmodell für abwegig oder verkürzt halten, aber auch in diesem Konzept ist nominalistische Subjekt-Objekt-Spaltung zwischen den beiden Königskindern, die nicht zusammenkommen können, ja immer schon grundiert und überwunden von einer ursprünglichen Mutter-Kind-Symbiose und der gesegneten geschlechtlichen Partnerliebe später – wenn nichts und niemand dazwischenkommt und zwischen ihnen steht. Daß Liebe primär soviel mit Erkenntnis zu tun hat wie Erkenntnis mit Liebe, ist nicht bloß eine diskussionsfeindliche Suggestivmetapher, wie Sie argwöhnen, sondern ein für philosophische Besinnung fruchtbar gemachter psychoanalytischer Forschungsertrag. – Für manchen Leser schwankt meine „Familienphilosophie" instabil zwischen Ulk und Ernst, aber ich habe ja Ihrem eigenen Modellbild des säenden Bauern nur mein Bild des liebenden Paares an die grüne Seite gestellt. Beides beißt sich auch nicht wie Hund und Katze, da die Kollektivphantasie der Völker den Liebesakt schon immer dargestellt hat als ein männliches Pflügen des weiblichen Ackers, der den Samen in die „Frucht der Lenden" verwandelt. Sie bevorzugen nun ein vorindustrielles Erkenntnismodell, Kant ein industrielles: Sie ernten Erkenntnisfrüchte, Kant läßt das Weltmaterial nicht so, wie es kommt, sondern prägt und stanzt ihm menschlich-männliche Formen auf.

„Mit der Einführung des Ackerbaus hebt sich die Bedeutung des Sohnes in der patriarchalischen Familie. Er getraut sich neuer Äußerungen seiner inzestuösen Libido, die in der Bearbeitung der Mutter Erde ihre symbolische Befriedigung findet", schrieb Freud 1913 in „Totem und Tabu".

Im Erkenntnistrieb (an)erkannte er die sublimierte Neugier des Kindes auf das Liebesleben der Erwachsenen. Erkenntnis ist mit beiden „Grundtrieben" amalgamiert, mit Hunger und mit Liebe. Hunger ist Selbsterhaltungstrieb, Liebe ist Arterhaltungstrieb, hieß es früher etwas grob. Freud hatte gezeigt, wie Hunger und Liebe in frühen Entwicklungsphasen noch verschmolzen sind, und Hegel hatte noch ein deutliches Gespür dafür, wie die Gattungsbegriffe der Erkenntnis mit dem Begattungsverhältnis der Liebe zusammenhängen.

Gerade das „instabile Mannigfaltige", das er als „das Andere seiner selbst" faßt, ist dem frühen Hegel nicht umsonst zuerst an der Liebe aufgegangen: Liebend erkenne ich mich im anderen und den anderen in mir, ohne daß wir nur einer sind. Daß es sich da noch nicht um den Widerspruch zwischen entschiedenen Unterschieden zwischen Mutter und Kind, Mann und Frau, sondern um die einfache bis „unendlichfache Unentschiedenheit" von petites différences handelt, wäre gerade an Frühformen der Liebe zu zeigen.

Nun werden Sie mir sagen, ich hätte die phänomenologische Kardinalsünde begangen, onto-logische Geltung von psychologischer Genese ab-hängig zu machen. Ich bin in der Tat der Meinung, daß man die Erkenntnis nur zureichend philoso-phisch erkennen kann, wenn man versteht, wie sie onto-genetisch und phylogenetisch entsteht, wie also ihr Begriff zu gewinnen wäre aus agronomischen und *erotonomischen* Ursprüngen zugleich. − Hat Freud die spezifische Befangenheit gerade der „un-befangenen Lebenserfahrung", die Sie betonen, auf diesem Gebiet nicht unverlierbar gezeigt?

Legen Sie meine „Familienmetaphysik" auf blinde Metaphorik fest, fühle ich mich nicht wohl. Im übrigen wählen Sie in Ihrem Brief für Freuds Verdrängungsbegriff ja selbst ein hübsches Bild. Die Metapher verhält sich zur Argumentation wie die Überschrift zum Aufsatz, den sie weniger erset-zen als leitmotivisch zusammenfassen soll.

Wird der fundamentale und universelle Cha-rakter des „chaotischen Mannigfaltigen" nicht erst wirklich verständlich, wenn man es als logisches Skelett früher Mutter-Kind-Symbiosen versteht, die durch das Spiel aller erwachsenen Vereindeutigun-gen stets wieder durchschimmern wie das Blut durch einen Verband über der Abnabelungswunde, und das „instabile Schwanken" zwischen Chaotischem und Numerischem als Ausdruck lebenslanger Anfälligkeit auch des Erwachsenen für infantile Regressionen? Anfangs ist für den Säugling der Unterschied und die Ununterscheidbarkeit von der Mutter noch unentschieden, weil es von ihrer Scheide ja noch kaum geschieden ist.

Und das ist für *chaotische Verhältnisse* kein bloßes Exempel u. a., sondern die Ur-Abstraktionsbasis. Die Schritte vom Chaotischen zum Numerischen wären dann Reifeakte der Abnabelung und der Entwöhnung, mit instabilen Übergangsphasen, aber wie es ewige Kinder gibt, deren Gegenwart sich nie recht entfaltet, so auch Leute, die gleichsam *übererwachsen* und verknöchert werden und jede Fühlung mit ihrem regressiv erreichbaren heißen Ur-Magma verlieren.

Meine Erkenntnis ist „maieutische Explikation von nackten Tatsachen" aus der weichen Chaosmasse der Mutter-Kind-Symbiosen, die in jedem späteren Ganzheitserlebnis wieder auftauchen werden und von der Individuen sich abnabeln müssen, um - bei aller fortdauernden Binnendiffusion − eigene Grenzen zu erhalten und zu behalten − gegen die Ganzheit und gegen andere Individuen.

Vielleicht ein Wort noch zu dem von Ihnen oft kritisierten Ego cogito des Descartes. Ich und kein anderer bin „affektiv betroffen", also bin ich: Sein als Selber-gemeintsein, *tua res agitur*. Mein

Gefühl meint mich, mein Gedanke meint alle. Es überzeugt, wenn Sie das Individuationsprinzip in der primitiven Gegenwart orten, aber was halten Sie von folgender zwanglosen Überlegung. Sie haben ein großartiges „System der Philosophie" geschaffen, also sind Sie Allein-Urheber dieses Systems, das kein anderer hätte schaffen können. Selbst wenn wir alle uns Ihre Ideen zu eigen machten, würden Sie der zeitlich und rangmäßig Erste aller Affektphänomenologen bleiben. Ich bin kein Existenzialist, aber einzigartig, gleichsam eine Klasse für sich, ist doch nur, was Sie effektiv aus dem gemacht haben, was Affekte mit Ihnen gemacht haben. Wer nicht begreift, was ihn (nicht) ergreift, der lebt nicht, meinte Sokrates. Liegt Ihre unverwechselbare Individualität nicht viel mehr in dieser kognitiven Hochleistung als in den zugrunde liegenden Gemütsbewegungen, deren gedankliche Verarbeitungsform sie darstellt? Kann also nicht auch die angeborene oder angesparte Gestaltungskraft ein principium individuationis sein? Läßt sich Descartes' *fundamentum inconcussum* nicht auch anders lesen : „Ich komme auf eigene neue Gedanken, also bin ich (kein Irgendwer)"? Bei Kant wird daraus: Wage, selber zu denken! – ohne daß oft die darin schlummernde Gefahr gesehen wird, eigenen fixen Ideen den Vorzug zu geben vor der Allgemeingültigkeit der Wahrheit.

Strikten Unterschied zwischen iterierten Unentschiedenheiten und iterierten Modalitäten sehen Sie bewiesen durch Hinweis darauf, daß jede endliche Unentschiedenheit eine Unentschiedenheit auf anderer Stufe ausschließe, im Gegensatz etwa zur „Möglichkeit der Möglichkeit", welche die Möglichkeit *nicht* ausschließe. Nun, das wäre lediglich ein Hinweis darauf, daß die Möglichkeit M eher unendlich iterabel ist. Aber meine flüchtige Spielskizze bot ja gleich mehrere Meta-Möglichkeiten an, etwa die Möglichkeit, daß ein Sachverhalt p *nicht* eintritt: MNp.

MN schließt MN(MN) aus. Man sieht das leicht, wenn man (MN) definitionsgemäß durch Z(ufällig) ersetzt. Wenn Z=LZ und L=NZ, dann sind ZZ und Z unverträglich, weil NLZ und LZ einander negieren. Kurzum: Wenn MN(MN) gilt, dann kann (MN) nicht gelten und umgekehrt. („L" steht seit C. Lewis 1918 für *strikt notwendig*.) − „Zufälligkeit" erfüllt somit Ihre Bedingung für „endliche Unentschiedenheit" und „Möglichkeit" Ihre Bedingung für die „unendliche Unentschiedenheit", q. e. d. Lassen sich (Un-)Entschiedenheiten also vielleicht doch als meta-gestufte Modalisierungen begreifen?

Bei meiner dritten Möglichkeit, die Möglichkeit zu iterieren, wird es sogar noch interessanter. Wenn ich Unentschiedenheit als KMMN verstehe (Mp MNp), entsteht die Frage, ob sie z.B. ihre erste Iteration KMMN (KMMN) ausschließt. (Kann es sowohl wahr als auch falsch sein, *daß* etwas sowohl wahr als auch falsch sein kann?) C = (Mp MNp) = M Z : Möglichkeit und Zufälligkeit sind bei Aristoteles zur *Kontingenz* zusammengefaßt.

„Selbstverständlich kann nichts sowohl wahr als auch falsch sein", sagen Sie völlig wahr und interpretieren dabei als tatsächlich falsches M(p Np), was ich aber als durchaus mögliches (Mp MNp) gemeint hatte.

Aber kommen wir lieber von der kalten Logik zu warmen Menscheleien : Erwachsener Erkenntnistrieb und kindliche Neugier auf den Familienroman. Sie haben Recht, wenn Sie beim reifenden Knaben in der „Latenzphase" neue Sachinteressen entstehen sehen, aber beim Pubertanten sind die Sachinteressen mit unbewußt gewordenen Kindheitsphantasien verwoben und eines befeuert das andere. Die Sachlichkeit, falls jemals erreicht, ist ein ziemlich spätes Produkt, und eine jede Entschleierung und Enthüllung der Mutter Natur behält Recht persönliche Urmotive.

Vielleicht ist es nicht ganz unwichtig, daß der verschuldete, verarmte und kirchlich verfolgte Descartes das *fundamentum inconcussum* des „Ego cogito" 1640 nicht in aller Seelenruhe am Kamin entdeckte, sondern als er zutiefst affektiv verstört war durch den fast gleichzeitigen Tod seiner unehelichen fünfjährigen Tochter Francine und seiner sehr geliebten Schwester Jeanne, die an ihm als Kind die

Mutterstelle vertreten hatte. Was mir bleibt, wenn jeder Verlust mich trifft, ist das „Ego dubito", das ihn nur noch zur Kenntnis nehmen kann. Descartes berühmter Zweifel ist keine gefühlsarme „Analytische Geometrie" der Passionen, sondern kam aus der sicheren Verzweiflung des „Rosenkreuzers".

Gefühle sind für Sie *quasiräumlich ergossene Atmosphären* und unpersönliche Mächte, die uns auch leiblich ergreifen können. Ohne Zweifel: Eine Freude überwältigt mich, eine Angst packt oder beschleicht mich, aber kann Ihre Philosophie erklären, *woher* nun das Gefühl kommt, wenn es mich überkommt? Und dieses *Woher* fragt nicht nur nach Räumen, sondern auch nach Ursachen. Warum ist es in dieser Situation ausgerechnet dieses Gefühl und kein anderes? Was bei Freud einen präzisen Grund findet, kommt bei Ihnen wie aus dem Irgendwo oder dem Weltall zugeflogen. Foppt mich ein Mißverständnis, oder hat hier die alte Psychonalyse nicht doch einen recht passablen Vorteil gegenüber der *bloßen* Phänomenologie?

Wenn Sie die *Verformung der persönlichen Situation* zur Seele kritisieren, rennen Sie sicher offene Türen ein, wo es um voranalytische Psychologie geht. Aber dreschen Sie nicht doch auf einen ad hoc selbstgebastelten Popanz ein, wenn Sie in Freuds Psychologie eine Schichtenlehre ablehnen, die jedes Ich zwischen beiden „Stockwerken" des Es und des Über-Ich *einklemme*?

Daß ich weder ein Haus noch ein Herr im Haus der eigenen Haut bin, weiß Freud, und seine Metapsychologie ist durch keine schiefe Metapher en passant zu erledigen. Wenn Sie recht hätten, könnten Ihre Kritiker mit ähnlichem Recht sagen, daß Ihr System die Person in den chaotischen Rumpelkeller primitiver Unter-Leiblichkeit regressiv hinabsteigen oder emanzipatorisch aufsteigen läßt in das ausgebaute Oberstübchen-Luftschloß elaborierter Hochgeistigkeit.

Freuds dynamisches Meta-Modell des Ich *zwischen* Es und Überich ist so viel und so wenig eine platte „Schichtenlehre" wie Ihre Theorie der Person zwischen Regression und Emanzipation, wenn man dort nicht die alten dichotomischen Vorurteile von affektiv und kognitiv, von Kopf und Bauch herauslesen soll.

… Gerade Freud hat die Regressionen im Dienste der Emanzipation und umgekehrt die emanzipatorisch kaschierten Rationalisierungen von Regressivität aufgedeckt. So spricht er z.B. zwar auch von „Introjektion", aber in einem terminologisch doch viel spezielleren Sinn als Sie. Ist seine „Psyche" wirklich nur ein epochaler Müllcontainer voller Gefühlsinhalte und aller *internal properties*?

Sehen Sie das Geschick der *entfremdeten Subjektivität* als Sonderfall einer „reduktionistischen Intellektualkultur" Europas und gehört zur künstlerischen Frühgeschichte der ganz entfremdeten Euro-Subjektivität nicht auch Flauberts ungerührt kalter „Bovarismus" und die besonders von Walter Benjamin studierte „impassibilité" von Baudelaires Großstadtflaneur? Die Frühromantiker gingen aus von 1789, von Fichtes „Wissenschaftslehre" und von Goethes „Wilhelm Meister". Konnte die „entfremdete Subjektivität" um 1800 übermächtig werden besonders unter den Bedingungen des Industrialismus oder der Französischen Revolution mit ihren utopistischen Menschenrechtsabstraktionen?

In Schopenhauer und Nietzsche kann ich nicht nur die begnadeten Selbstdarsteller erkennen, die ohne realitätsenthüllende Affektstürme die latenten Selbstdarsteller in ihren Lesern entfesseln, sondern eine Herausforderung an den Psychologen. Schließlich haben beide gerade die Untergrundaffekte der offiziösen Kultur bewußt gemacht, und Sigm. Freud achtete in ihnen seine Vorläufer. Mit dem furiosen Wichtigtuer Max Stirner, na ja, und mit dem „Fallensteller" Wittgenstein mögen Sie schon eher Recht haben. Nietzsche etwa sah die niedrigste Geschlechtlichkeit noch in der höchsten Geistigkeit arbeiten, war aber für Freud in seiner eigenen *Sexualkonstitution völlig rätselhaft,* obwohl Nietzsches Homosexualität ihm doch bekannt war, wie Joachim Köhler eruiert hatte. Sein ewig wiederkehrender „Machtwille" ist wohl kaum so grundlegend übermenschlich, wie er glaubte, sondern eher schon ein Überkompensationsphänomen. Reduzieren die widersprüchlichen Rollenspiele sein fragmentiertes Denken nun aber auf eitle Selbstinszenierung? Gerade seine aggressive Entlarvungsaphoristik bietet doch eine ungewöhnlich realistische Menschenkunde, mit anthropologischem Anspruch, oder meinen Sie, daß er völlig objektiv eben nur die nihilistisch wurzellose Subjektivität der Epoche als Machtwillen diagnostiziert habe?

Auf Freud kommen wir nun immer wieder zurück, weil er Ihr Hauptrivale scheint. Ist Ihnen auch aufgefallen, daß es so gut wie gar keine Freudianer mehr gibt, sondern nur noch Leute, die längst über ihn hinaus sind? Die ihn überwunden zu haben glauben, sind meistens aber nur hinter ihn zurückgefallen, finde ich, und weiter als er sind weniger Forscher gekommen, als sie selber glauben. Der Einwand, daß nicht jeder Einwand gegen ihn sich als psychischer Widerstand abtun läßt, hat inzwischen manchmal selber schon die Qualität eines psychischen Widerstands. Wenn ich Freud oft gegen seine Verächter und Relativierer mit meinen bescheidenen Mitteln verteidigt habe, dann bestimmt nicht, weil ich zum Kult der großen Männer neige, die letztlich eh' doch immer recht behalten. Ich bin nicht blind für seine blinden Flecke und verabsolutiere nicht den Forschungsstand, den er am Lebensende zufällig erreicht hatte, aber Freud hat z.B. nie die *persönliche Situation* des Menschen zu so etwas wie einer substantiellen Seele „verformt", wie Sie unterstellen, sondern umgekehrt doch überhaupt erst die akkumulierte Biographie in der sogenannten Seele entdeckt. Hat er nicht längst geleistet, was Sie in diesem Punkt für sich beanspruchen?

Er verfolgte die „Geschichtlichkeit der persönlichen Situation" sogar bis hinter die Geburt zurück, in den Lebensgeschichten der Vorfahren. Und diese lebensgeschichtlich bedeutsamen Figuren sind es, die dann im „Instanzen-Modell" der Analyse herumspuken als ‚Homunculi' und ‚Teufelchen', wie Sie spotten. Die Person *besteht* nicht aus solchen Subpersönchen und zerfällt auch zwanglos in sie so wenig wie Ihre Situationen in die zäh "eingebackenen" Sub-Situationen. – Analytisches Fingerspitzengefühl entscheidet darüber, wie weit es sinnvoll ist, etwa die Liebe bis in ihre Partialtrieb-Verschmelzungen hineinzuverfolgen und d. h. bis in ihre Vorgeschichte. – Was Sie bei Freud inneres „Teufelchen" nennen, heißt bei Ihnen vielleicht „Verdichtungsbereich der gemeinsamen Situation".

Verhält sich z.B. Ihr ‚Verdichtungsbereich' zum ‚Verankerungspunkt' der Liebe cum grano salis nicht nur einfach wie Freuds ‚Liebesobjekt' zum ‚Liebesziel'? Und wenn Freud hinter dem Verdichtungsbereich, den meine Geliebte darstellt, als Verankerungspunkt nicht sie selbst, sondern meine Mutter hervorkramt, die ich in ihr und durch sie hindurch liebe, sprechen Sie von „Homunkuli". Freud macht die Psyche nicht zum Kampfplatz von intriganten Unterpersönlichkeiten (wie früher der Teufel und der liebe Gott, die sich um Seele balgten), sondern wichtig daran sind die paradigmatisch gewordenen Urszenen zwischen den lebensgeschichtlich dominanten Gestalten meiner frühen Kindheit. Ich will mich sicher nicht alterssklerotisch verbiestern, kann aber nicht erkennen, weshalb ich die psychoanalytischen Grundbegriffe hier opfern sollte.

Setzen Sie es auf das Konto meiner Beschränktheit oder meines Amateurstatus, aber nehmen Sie es mir bitte nicht übel : Was an Ihrer Theorie der Subjektivität und der "persönlichen Situation" wahr ist, paraphrasiert nur Freuds Grundgedanken, und wo Sie Freud zu überwinden meinen, sehe ich Sie nur wieder hinter ihn zurückfallen. Warum wollen Sie das friedliche job-sharing mit Freud unbedingt durch ruinösen Verdrängungswettbewerb ersetzen? Ich kann mir aber z.B. durchaus vorstellen, daß einige Aspekte von Freuds „System ubw" durch Ihr Konzept des "chaotischen Mannigfaltigen" grundbegrifflich präziser gefaßt werden – gerade was das Erlebnis und das gute Verständnis früher Mutter-Kind-Symbiosen betrifft, hatte ich das schon einmal angesprochen. – Auch ein „instabiles Flackern" zwischen unbewußt und vorbewußt ist denkbar. Die Nagelprobe wäre, ob etwa Freuds paradigmatische Krankengeschichten, die manche Leute wie Novellen lesen, in Termini Ihrer Philosophie angemessener umgeschrieben werden könnten – vom therapeutischen Nutzen einmal abgesehen. Für meine "unbefangene Lebenserfahrung" setzen Sie zu ungebrochen auf diese, um den Fallen der „reduktionistischen Intellektualkultur" zu entwischen. In einem Gutteil dessen, was Sie an "unbefangener Lebenserfahrung" gegen solche Verwüstungen phänomenologisch aufbieten, meine ich mit Freud noch

selber Symptome dieser europäischen Ideologie zu
erkennen. Fühlen die Menschen wirklich, was sie zu
fühlen meinen? Da fehlen nicht nur den Stammlern
die Worte, sondern auch den Verblendeten die Klar-
heiten. Nur ein Beispiel für andere: Anwälte für
unbefangene Lebenserfahrung sehen Sie auch in den
heutigen Frauen noch immer eher als in deren Män-
nern : Wurde das nicht inzwischen Ideologie? Die
Dinge-an-sich verbergen sich hinter offenkundigen
Phänomenen, die uns vorgemacht werden und die
wir, um nicht zu verzweifeln, uns selber vormachen.

Sie haben sich schon häufig gewundert,
warum ich Nietzsche so selten miterwähne, der doch
„Larochefoucauld und seine Geistesverwandten"
den Gebildeten immer glühend empfiehlt. Sie haben
Recht, aber ich schätze ihn ebenso sehr als aphoristischen Entlarvungspsychologen, wie ich ihn, mit
seinem selbstgefälligen Mangel an Selbstironie,
gleichzeitig peinlich finde im „antichristlichen"
Übermenschenpathos und in lächerlich schwuler
Dionysos-maskerade. Doch es stimmt, die Linie von
den „französischen Moralisten" über Lichtenberg
(ein von Philosophen unterschätzter Philosoph) und
Friedr. Schlegel und Nietzsche bis hin zu Freud und
zu dem Aphorismustheoretiker Adorno ist mir wichtig geworden.

Meine Frage, ob die „rezessiv entfremdete
Subjektivität" nur zufällig gleichzeitig mit dem An-
wachsen industrieller Naturbeherrschung und der

Französischen Revolution übermächtig wurde, tun Sie als Spielerei à la Marx ab.

Gibt es wirklich keine Gründe dafür, daß gerade um 1800 die unendliche Reflexivität *nach oben* von Intellektuellen als kollektiver Königsweg begrüßt wurde? Was macht plötzlich empfänglich für solche Mode-Mächte?

Der Entlarver auf seiner Kommandohöhe wie der Entlarvte down to earth, wo sie ein und dieselbe Person sind, bilden sie vielleicht ein „instabiles Paar", das "unstimmig oszilliert" bei der Selbstkritik am Selbstbetrug, aber weder die Psychoanalytiker noch die Moralisten von Larochefoucauld bis zu Nietzsche sind apriorische Entlarvungsdogmatiker, sondern − nicht anders als Sie − empirisch aposteriorisch gegen deduktiv scholastische "Zwangssysteme" gerichtet.

Daß Freud "introjektionistischen Vorurteilen" erlegen sei, kann ich bisher nur als Ihr eigenes unrevidierbares Vorurteil sehen. Introjektion ist bei ihm viel spezieller als in Ihrem kritischen Sprachgebrauch − eine (oft orale) Ein(ver)leibung, z.B. bei der melancholischen Verlusttrauer. Der Tote, den ich zum Fressen gern habe, lebt buchstäblich *in* mir weiter, denn ich bin ihm nicht nur böse, weil er mich in Stich ließ, sondern phantasiere auch umgekehrt, er habe mich in Stich gelassen, weil ich (zu) ihm böse gewesen war. Meine Schuldangst begräbt ihn gleichsam in meinem Leib, um ihm nahe zu bleiben, ihn aber auch gleichzeitig weiter quälen zu können. Und vom geliebten Toten, der als Toter *in* mir weiterlebt, geht nun jene „exigente Nötigung" einer "unabweisbaren Autorität" aus, die er zu Lebzeiten nie gegen mich besessen haben mag.

Aber Freud hindert mich nicht, Ihren Beitrag zum besseren Verständnis des depressiven "Gefühls der Gefühllosigkeit" durchaus zu erkennen, bei dem der Leib mit den Atmosphären nicht rhythmisch mitschwingen könne, sondern der vitale Antrieb „wie ein Stein in der Brandung der Gefühle" einfach liegen bleibe. Hat das für Therapien aber nicht selber wieder analysierungsbedürftige Gründe, oder kann diese Fähigkeit ohne Herkunftsanalyse meditativ eingeübt werden? (Jede Therapie hat ihre Lieblingskrankheiten, denen sie theoretisch und praktisch besonders gut gerecht wird. Haben Sie eine Vermutung, welche Art von Störungen durch Ihre Theorie angemessen behandelt werden könnten und wo diese eher kontraindiziert sein dürfte?)

Daß Träume und *freie Assoziationen* die psychoanalytischen Königswege zum "chaotischen Mannigfaltigen des Unbewußten" sind, hat nun mit der alten platt-englischen Assoziationspsychologie von J. St. Mill so wenig zu tun wie Freuds „Libido" mit "platonischer Liebe" oder das Es-Ich-Überich-Modell mit Platons Dreiweltenlehre von Bauch-Brust-Kopf. Daß es nicht nur strategische „Liebes-

ziele" mit davor gestaffelten Feldern von Mitteln,
Wegen und Hürden gibt, sondern auch und vor allem unwillkürliche Verstricktheiten, denen wir uns
mehr oder weniger benommen und betört überlassen, daß es nicht nur monadische „Liebesobjekte",
sondern primär eher die Kondensationskeime von
gemeinsamen Liebessituationen gibt, sei Ihnen aber
– auch gegen Freud – sehr gern zugestanden.

Falls Sie bei Freuds „Triebverflechtung" die
mechanische Verlötung einzelner Festkörperteile-
mit-Ecken-und-Kanten assoziieren, dann denken Sie
doch lieber an gegenseitiges Durchdringen von
Warm- und Kaltluftzonen oder an einen aus verschiedensten kleinen Zuflüssen gespeisten großen
Strom. Und was Sie Freuds „erogenen Zonen" mit
Ihren „Leibesinseln" zugestehen, sollten Sie auch
seinen „Partialtrieben" nicht verweigern, die ja einen ganzheitlichen Urzusammenhang nicht nur verständnislos zerreißen, sondern auch in dessen Integrationskraft lebensgeschichtlich oft erst langsam
einwachsen.

… Sie sprechen von meinem undogmatisch
vorgetragenen „Dogma", ich sprach da von einer
Urhypothese der Menschheit – und die ist etwas
älter als das Erlebnis des Parmenides und der Atomismus Demokrits. Glauben Sie im Ernst, daß Milliarden von Mitmenschen, die innerhalb und außerhalb der europäischen „Intellektualkultur" von einem allmächtigen und allwissenden Gott affektiv

ergriffen sind und waren, von aller „unbefangenen Lebenserfahrung" verlassen sind, Ohnmächtige, die sich von Gottes Allmacht nur "zu ihrem rationalen Machtwillen ermächtigen lassen" wollen? − Ist es nicht eine dogmatische Konstruktion, hier von einer dogmatischen Konstruktion zu sprechen, und sind monotheistische Weltreligionen nicht eher Todfeinde als Bestandteile der von Ihnen zu Recht perhorreszierten "Intellektualkultur des Reduktionismus"?

Ich kann nicht sehen, warum Ihre Freiheitslehre mit der göttlichen Allmacht unvereinbar sein soll. Sollte dieser Gott, der die übrigen Götter ja eher ein- als ausschließt, nicht allmächtig genug sein, seine eigene Allmacht hier und da auch ganz zurückzunehmen, um der von Ihnen skizzierten menschlichen Selbstbestimmung und „Subjektivität-für-mich" auch ausreichend Platz zu machen?

Er ermöglicht und läßt gerade zu, daß Sie sich spezifisch „einlassen" können auf das, was Er mittelbar oder unmittelbar zuschickt, und daß Sie dazu verantwortlich Stellung nehmen können. Ist die Arbeitshypothese, daß Ein Gott die Möglichkeit der Selbstbewirkung-in-der-Selbstverstrickung allererst bewirkt, schon ein Dogma, das eine Manipulation festschreibt? Es mag so sein, wie Sie die "verschärft nicht-auferlegte Selbstbestimmung"(-in-der-Ergriffenheit) recht gut beschreiben, aber das wäre dann eine kontingente Tatsache, und warum ist die Frage nach einem Urgrund für diese Selbstbegründungen schon unzulässig?

Ist die göttliche Allmacht über objektive Tatsachen gar nicht kompatibel mit der ebenso mächtigen Freigabe subjektiver Spielräume für Sie und für mich? Mal befindet Gott über unser Befinden, durch Naturgesetze hindurch oder unmittelbar, mal räumt er uns die Freiheit ein, eigene Erfahrungen zu machen, um die Gesetze Seiner Schöpfung zu erkunden. Wie das zart von Fall zu Fall anders zusammenwirkt, ist oftmals verborgen, aber ohne die regulative Idee Gottes scheint mir das Buch der Geschichte unlesbar. Ihr Einwand gegen meine Hypothese, ein Gott könne zugleich objektive Fakten steuern und subjektive Fakten gleichwohl zulassen und erst ermöglichen, überzeugt noch nicht. Warum läßt Ihre Freiheitslehre sich diesem Monotheismus nicht zwanglos integrieren?

… Vielen Dank für die ausführliche und zufriedenstellende Beantwortung meiner Frage nach der Leiblichkeit des Denkens. In Ihrer Terminologie gesprochen, interessiert mich, was an „spielerischen Identifizierungen" wohl möglich ist zwischen den Sachverhalten in der „Fülle solcher sekundären Spannungszentren", die von der Enge des Leibes ablenken und doch gar nicht in "privative Weitung" wegdriften. Das instabile Flackern zwischen chaotischer Mannigfaltigkeit und entschiedenen Individuationen (oder zwischen Entschiedenheiten, die durch "chaotische Verhältnisse" unterschwellig miteinander verbunden bleiben?), versuche ich fruchtbar zu machen für eine neue Theorie des aphoristischen Denkens, welches überall *unstimmige Selbstverschiedenheiten* entdeckt.

Ich widerspreche gar nicht, wenn Sie überall widersprüchliche Zumutungen in christlichen Theologien entdecken, jubele diese Ungereimtheiten auch nicht zum *credo quia absurdum* hoch und möchte mich keineswegs in die ungemütliche Ecke manövrieren, irgendwelche Theologien verteidigen zu müssen. – Ich denke eher historisch als theologisch. Wer den Herrgott zu dreist als „Zahlmeister der Tugend" dienstverpflichtete, mußte gelegentlich daran erinnert werden, daß Er sich schwer kalkulieren läßt. Umgekehrt ist einer, der sich auf dem Lotterbett der Begnadigung ausruht, daran zu erinnern, daß Glaube ohne Werke tot ist. „Wie kriege ich einen gnädigen Gott?" seufzte Luther und wußte von Paulus: Gott hat uns Sein Gesetz auferlegt, damit dessen Unerfüllbarkeit uns die Angewiesenheit auf Seine Barmherzigkeit zeigt.

Ist Ihr Begriff vom „Göttlichen" nicht eher notwendig als hinreichend? Blenden wir für einen Augenblick maximalistische Gottesattribute aus, so bleibt aus den biblischen Schriften ein Eingott, der uns nicht nur etwas zu fühlen, sondern auch etwas zu erkennen gibt. Die Normen, zu denen er mit „unbedingtem Ernst" verpflichtet, sind Recht und Moral nur soweit, wie Recht und Moral späte praktische Konsequenzen aus der Einsicht in Naturgesetze sind, die in der Geschichte wirken, als Gesetze Seiner Schöpfung. Das geht über unbedingte "Gefühlsautorität" so weit hinaus, wie Naturgesetze auch wirken, wenn uns jedes Gefühl für sie fehlt – oder nur ein Wunschdenken nahelegt. Gottes Grundgesetz ist dazu da, nicht „das Recht am Weiterwachsen zu hindern", sondern diesem geschichtlichen Weiterwachsen einen stets unüberschreitbaren Rahmen zu geben, ein Prinzip der Prinzipien.

Muß jedes Gesetz, das meine betroffene „Jemeinigkeit" relativistisch nur sich selbst gibt, nicht mit Kants Sittengesetz vereinbar bleiben, um nicht selber verworfen zu werden? Warum mußte denn Kant diese *Jemeinigkeit* nicht explizit thematisieren? Weil sie bei aller Selbstadressierung seinem Vernunftgesetz unterworfen bleibt. Wenn die *Subjektivität-für-mich* nur pointiert würde, um den kategorischen Imperativ zu unterlaufen und aus böse gut zu mchen, dann wäre das eine böse Sache.

Aber die „entfremdete Subjektivität", Sie sagen es, ist die „Einbildungskraft" und damit ein Königsweg zur besonderen Form der Kunst. Fr. Schlegels „Lucinde" war eher ein Programm als ein Gipfel der Romankunst, doch die „progressive Universalpoesie" machte Ernst mit einer Imagination, die sich durch keine objektiven Tatsachen mehr einengen läßt und das ungebundene Schöpfer-Ich feiert, das mustergültige künstlerische „Original-Genie". Und die Imagination ist dem Vernunftgesetz Kants natürlich nicht verpflichtet. Ein Kunstwerk ist nicht einmal der Wahrheit verpflichtet, darin stimmen wir beide überein.

Nun taucht auch bei Kant die Einbildungskraft, also das Vermögen, sich einen Gegenstand ohne dessen leibhaftige Gegenwart vorzustellen, an mindestens zwei Stellen auf, transzendental als „gemeinsame Wurzel von Verstand und Sinnlichkeit" und empirisch in der dritten Kritik (bzw. späten „Anthropologie") als eine von keiner Urteilskraft kontrollierte Fähigkeit, sachlich heterogenste Vorstellungen experimentell zu kombinieren.

Kants Ästhetik begrüßt das Kunstwerk als Mittel, das freie Spiel der Einbildungskraft zu üben und unsere Gemütskräfte zu beleben. Der Rückzug auf die freie Einbildungskraft ist eine pathologische Gefahr und zugleich künstlerische Chance (als ein Moment u. a., schwerlich das wichtigste). Ich denke dabei gern an formlose Amöben, die ihre Pseudopodien zu beliebigen Gestalten ausfahren und sie dann ebenso beliebig auch wieder einziehen können. Nebenbei: Die Fragmente der Frühromantiker waren ihr *Fichtisieren,* aber dieses sich selbst immer wieder zurücknehmende Produzieren war ihnen auch eine permanente „Selbstaufhebung des Endlichen" als indirektes Ebenbild des unerschöpflichen Absoluten (das Sie selber immer so unwirsch beiseite wischen). − Ist die Entfremdung des Subjekts von objektiven Tatsachen nicht gleichsam auch die säkularisierte Erhebung des Christen über weltliche Dinge? Die Ironie wollte, daß romantische Ironie christlich aufgehoben wurde sowohl von dem preußischen Protestanten Hegel wie vom katholischen Habsburger Schlegel. (Der christliche Existenzialist Kierkegaard hatte das als erster bemerkt.) Friedrich Schlegels lebenslange Produktionsschwäche kam nicht aus der vielverhöhnten Flucht vor dieser künstlerischen Freiheit in den Schoß der Mutter Kirche, und seine „Selbstparodie der Selbstparodie" war kein geistiger Selbstmord, wie Hegel giftete.

Um die Psychoanalyse nun hier und da als Hilfsmittel mit Gewinn zu nutzen, braucht es übrigens gar keinen ungesunden Hang zum hämischen Schnüffeln. Oft zeigen die Exzesse der Einbildungskraft nur eine eingebildete Freiheit, die ihre affektiven und soziogenen Determinanten nur nicht wahrhaben will. Oft bildet man sich eine rezessive und produktive Freiheit-von-und-zu-allem unbekümmert ein, die ihre affektive Affektabwehr ja nur nicht durchschaut. Ist das, was Sie als Flucht vor personaler Regression sehen, oft nicht gerade eine intellektualisierte Regression auf infantile Formen der Affektbehandlung? Dann aber entpuppen sich diese schönen neuen Spielräume sehr schnell als Pseudofreiheiten, weil ich die mißachteten subjektiven und objektiven Fakten nicht mehr gestalten kann, sondern nur von außen wie krude *facta bruta* erleiden muß. Die Romantiker haben bald begriffen, daß das neue freie Feld kleiner war als anfangs erhofft.

Sie halten Nietzsches psychologische Aphorismen für lauter uninteressante Halbwahrheiten. Dazu sagte Gabriel Laub : „Man schätzt den Aphorismus unter anderem deshalb, weil er eine halbe Wahrheit enthält. Das ist ein ungewöhnlich hoher Prozentsatz." – Der Leser muß den Spruch selber begründen oder widerlegen; das ist doch gerade die gesellig reizvolle Pointe an dieser Denkform. Ich räume ein, daß Nietzsche für einen geborenen Gnomiker oft viel zu redselig und weitschweifig formuliert. Außerdem haben auch Aphorismen eine Haltbarkeitsdauer, über die hinaus sie an Originalität verlieren oder zum Sprichwort absinken. Vieles von Nietzsche zündet nicht mehr recht, aber es bleibt noch genügend viel zum Denken Aufreizendes. Was halten Sie von Freuds Ausspruch, Nietzsche sei der Mensch gewesen, der es mit der Selbsterkenntnis – und nicht nur mit der „Selbstdarstellung" – vielleicht bisher am weitesten gebracht habe?

Bisher haben wir an der emanzipierten Reflexion „nach oben" nur die Gefahren betont, es wäre aber unfair, die Chancen zu unterschlagen. Gut, die Leute haben das Kind der subjektiven mit dem Bad der objektiven Fakten ausgeschüttet, aber wer objektive Tatsachen distanziert, kann das auch tun, um ihre praktischen Veränderbarkeiten durch „gedankenexperimentelle" Variationen zu erkunden und den „Möglichkeitssinn" (R. Musil) zu stärken. Die künstlerische Imagination löst gegebene Ganzheitsformen oft auf und fügt die Bruchstücke probeweise zu neuen besseren Kontexten zusammen; das kann mehr als Ironie sein. Gerade Aphorismen vermitteln subjektive *und* objektive Fakten zugleich.

Sie sagen häufig, die objektiven Tatsachen entstehen durch „Abschälung der Subjektivität", aber das eine sitzt auf dem anderen doch nicht wie die Schale auf der Kartoffel, sondern durchblutet es, und wenn das Subjekt sein Herzblut aus den Eindrücken zurückzieht, bleibt die Schädelstätte der nur noch abstrakt objektiven Fakten zurück. Entstehen durch solche Austrocknung nun die Objekte selbst oder vielmehr nur unser mehr oder weniger objektives Bild von ihnen? Der Kosmos war doch vor mir da und auch ohne affektive Färbung.

Diese Frage erlaubt es mir, wieder zu einer viel allgemeineren überzuleiten. Es ist zu früh, Sie philosophiegeschichtlich einzuordnen, aber es reizt doch. Sie sagen, daß die Philosophie bis auf Fichte die bloß objektive „Stellung des Menschen im Kosmos" bedacht habe. Ich habe umgekehrt eher den Eindruck, daß Glanz und Elend der europäischen Philosophie in einem einseitigen Subjektivismus lagen, rationalistisch bis Leibniz, transzendental seit Kant, meinetwegen weltentfremdet seit den deutschen Idealisten und existenzialistisch seit Jaspers und Heidegger. Könnte man nun sagen, daß mit Ihrer Philosophie der affektiven Subjektivität der Gestaltenkreis des abendländischen Subjektivismus gleichsam erschöpft ist? Die menschliche Stellung im Kosmos ist sicher eine andere nach als vor der vollen Entdeckung der Subjektivität, und irgendwann muß das von Ihnen möglicherweise durcherforschte Subjektsein in seinem ganzen Reichtum doch auch zurückgestellt werden in den Kosmos, der nicht bloß eine geschälte Kartoffel ist. Nicht nur die substanzielle Leib-Seele, sondern auch die affektiv betroffene, leiblich ergriffene *Jemeinigkeit* bleibt eingebunden in kosmische Konstellationen.

Ein präsubjektives Weltalldenken ist sicher so einseitig wie eine Lehre vom weltlosen Für-mich-sein, und wer die affektive Subjektivität den kosmischen Konstellationen wieder einfügt, muß damit nicht zum Weltbild der Naturwissenschaft zurückgekehrt sein, sondern kann bei vorphysikalischen Traditionen anknüpfen, die ich bei den „schriftlosen Völkern" sehe. Ein *naturunmittelbares* Leben hatte selbst die Götter noch nicht nötig. Frühe Schriften sprechen ja von einer Kultur *vor* den Türmen von Babylon und lange *vor* den Vorsokratikern, die ja selbst nur letzte Ausläufer orientalischen Denkens sind. *Dschuang-tse* rekonstruierte ein Denken der Vorzeit, als die menschliche Natur und alles Irdische noch im rhythmischen Einklang mit den Gesetzen eines „spontanen Himmels" waren.

Die „Subjektivität-für-mich" darf nicht kurzschlüssig übersprungen werden, der Mensch ist nicht nur Objekt der Götter, der Natur und der Mitmenschen, ich stimme Ihnen voll zu, aber werden Sie mir beipflichten, daß die Natur auch keine bloße „Schädelstätte" (Hegel) des Für-mich-seins ist?

Könnte es nicht sein, daß Sie die Stellung auch der *un*entfremdeten Subjektivität in der freien Natur noch allzu subjektzentriert sehen? Nicht nur der erforschbare Körper, auch der erlebbare Leib war früher eingebettet gedacht in ein Verkehrsnetz kosmischer Kraftlinien, die von weit her kommen.

Die frühesten Göttergestalten waren nicht zufällig Gestirne und die Sternkundigen und Geometer vielleicht die ersten Weltweisen. Neben der subjektivistischen Ableitung der Zeit aus dem jähen Interruptus eines ahistorischen Dahindämmerns z.B. gibt es eine andere Ableitung aus der rhythmischen und relativistischen Revolution der Gestirne. Die alte Menschheit erlebte solche Zäsuren des Dahinlebens vielleicht bei dem, was kollektiv erinnert ist als traumatische Naturkatastrophen und Sintfluten.

Würden Sie sich mißhandelt fühlen, wenn Ihr System als affektivistische Korrektur des naturwissenschaftlichen Totalitarismus begrüßt würde und gleichzeitig die von Ihnen zu Ende gedachte abendländische Subjektivität noch wieder in die Natur zurückzustellen wäre − ohne der modernen Naturwissenschaft mehr als ein Spezialrevier und eine befristete Epoche zu überlassen?

Wenn ich auf kosmische Ordnung zurückgreife, dann nicht aus ästhetischer „Berauschung", wie Sie sagen, sondern um die Orientierung des Denkens an die Realität zu erinnern. Sie sagen, daß

Sie phänomenologisch nicht hinter die „primitive Gegenwart" zurück können, einverstanden, aber dann ist doch nicht unwichtig, von welcher Wirklichkeit ich mich affizieren lasse, von einem Fernsehfilm oder vom Sternenhimmel. *Tua res agitur*, sagt Ihre Subjektivität zu Recht, aber vieles mache ich heute zu meiner Sache, was es nicht wert ist, und überlasse anderen, was besser meine ureigenste Sache wäre. „Ich bin traurig", sagt Ihr Standardbeispiel, und falls Sie traurig sind, kann niemand das sagen als Sie selbst, doch über die Gründe und Absichten Ihrer Traurigkeit können Sie sich gründlich täuschen und von anderen belehren lassen müssen.

Ihr Konzept vom „instabilen Mannigfaltigen der personalen Situation" erlaubt ja gerade unvereinbare Bestimmungen in ein und demselben Bewußtsein, also auch Verdrängungen und Selbsttäuschungen (ohne darin die Person zu spalten oder Bewußtseinsinhalte nur in einen Seelencontainer zu werfen). Kurzum: Dies sei auch und gerade deine Sache, sage ich von der kosmischen Ordnung. Sie retten gut existenzialistisch das „Jemeinige" vor dem Jedermann der sozialen Allgemeinheit, aber auch vor der Allgemeingültigkeit der objektiven Naturgesetze.

Es wäre ja schön, wenn die europäische Philosophie bis zu Fichte nur die „Stellung des Menschen im Kosmos" diskutiert hätte, aber ich finde, daß sie genau das leider nicht getan hat, sondern nur subjektive Perspektiven hat sie objektiv dargestellt, ohne ein ausreichendes Fundament in der Wirklichkeit. Deshalb hat der Erkenntnistheoretiker ja immer nach dem realen Analogon gefragt, das ihm von Anfang an abhanden gekommen war, die Schöpfung im Ganzen, die unser Gemüt bewegen *sollte,* weil sie uns auch leibhaftig „bewegt", ohne daß *wir* sie bewegen können. Wenn sich heute kaum noch jemand von dieser kosmischen Ordnung affizieren läßt, im Stutzen und Staunen, im Erschrecken, Entzücken und Erkennen, dann ist das kein Fortschritt, sondern die menschliche Geschichte nur eine Depravationsgeschichte. − Die Nomaden, die Schamanen und Zigeuner waren noch unmittelbar urvertraut mit der Realität; Sokrates wußte nur noch, daß er davon gar nichts mehr wußte. Welche Vorbehalte haben Sie gegen den Naturbegriff, der doch noch das Schillern zwischen Zeugendem, Gezeugtem und Gewachsenem mitführt, das Geschöpfliche und das Schöpferische zugleich? Wir wollen sicher nicht mit Rousseau zurück zur Natur, wenn das mit nacktem Hintern ein Zurück auf die Bäume ist.

… Rousseau posierte als Naturbursche, um einem überfeinerten Adelspublikum den „ultimativen kick'n thrill" zu verschaffen; das war nur eine Sentimentalität gegen gewalttätige cartesianische Geometrie. Auf Natur beruft sich leider jeder, um zu rechtfertigen, was ihm zufällig in den Kram paßt, und oft bedeutet sie nicht viel mehr als die relativ frühere Kulturstufe; Ihr „Unerschöpflicher Gegenstand" spricht von Natur aber fast nur noch als von einem ästhetischem Phänomen.

Wenn Sie die „Welt" als fünfseitige Entfaltung der Gegenwart des Betroffenen begreifen, bieten Sie eine triftige Entwicklungsgeschichte meiner Fähigkeit, mir ein begründetes Weltbild zu machen, aber wo Affizierte sind, da muß auch Affizierendes sein. Wenn keiner mehr am eigenen Leibe spürt, daß es kosmische Konstellationen sind, die ihn zutiefst bewegen, wenn er aus seinem Bewegtsein diese Tatsachen nicht mehr explizieren kann, sondern sich z. B. lieber „gesellschaftlich" bewegen läßt, ist er dümmer geworden als seine Vorfahren. Wer sich nie primär darauf besinnt, sich selbst in einer kosmischen Umgebung zu finden, hat der an der vollen Realität nicht schon vorbeigedacht?

Sie verstehen die Welt als Inbegriff der „gestalteten Gegenwart", gut, aber vielsagend „unwillkürliche Eindrücke" haben wir primär von der kosmischen Ordnung, solange wir noch unmittelbar mit ihr vertraut sind und uns von ihr leibhaftig affizieren lassen, bevor der geniale Notbehelf der Schriftsprache zwischen uns und das verlorene Naturwissen geschoben war. Das transzendierende Denken der schriftlosen Völker mußte nicht erst noch eine verlorene Realität wieder suchen, um sich seiner selbst mühsam zu vergewissern. Unser Weltbild mag gestaltete Gegenwart sein, aber Gottes Schöpfung ist es, die uns primär affiziert hat und immer neu zu affizieren hätte, weil sie unsere ureigenste Sache ist. Ist es nicht das *proton pseudos*, daß hiervon kaum noch jemand betroffen ist? Karl Löwith hat als fast einziger daran erinnert. Die Natur steht und fällt nicht mit mathematischer Naturwissenschaft, die ich wie Sie für ein geschichtliches Intermezzo halte, das es geistig längst zu überwinden gilt, auch wo es sich faktisch noch unabsehbar weiter ausweiten sollte.

Gesetzt, Ihre Philosophie sei *taken for granted*, so wäre gegen Mißverständnisse doch die Anmerkung nützlich, daß Ihr Gebrauch der Worte „subjektiv" und „objektiv" vom gängigen Sprachgebrauch etwas abweicht. Was jeder (Sprachkundige) auch sagen könnte, ist bei Ihnen objektiv, kann im üblichen Sinne aber immer noch subjektiv sein (oder ‚intersubjektiv'). Der objektiven Tatsache wird ja gewöhnlich die nur subjektive Meinung gegenübergestellt, während die objektive Tatsache, *daß* es so etwas wie „subjektive Tatsachen" gibt, Ihre philosophische Originalentdeckung ist, weil gewöhnlich darunter nur meine oder jedermanns tatsächliche Vorstellung von sich und von der Welt verstanden wird, ob die nun irgendwelchen Tatsachen entspricht oder nicht. „Objektiv" heißt gewöhnlich, was bei Ihnen „tatsächlich" heißt, ob nun in Bezug auf Subjekte oder Objekte gedacht.

Ich meint ja zugleich etwas ganz Besonderes und etwas ganz Allgemeines: alle gleich, jeder anders. Gewöhnlich meint „Subjekt" beide Bedeutungen zugleich: ich *und* jeder Mensch, der auch „ich" sagen kann. (So spricht Francis Bacons Idolenlehre von den Trugmöglichkeiten, die jeder Mensch als Mensch in die Erkenntnis bringt und dann als eine unverwechselbare Person noch zusätzlich.) Sie dagegen verstehen unter „subjektiv" ja eben nicht, was jedes beliebige Subjekt auch sagen könnte. Es ist verdienstvoll von Ihnen, das Individuum im Affiziertsein zu verankern, und Verwirrungen wären vermieden, wenn die unterschiedlichen Sprachgebräuche geklärt würden.

Wohlgemerkt : Ihre sehr strikte begriffliche Trennung zwischen subjektiven und objektiven Tatsachen ist analytisch überaus notwendig, und jede Philosophie ist dualistisch, aber das konkrete Leben zeigt sie ja in ihrem Wechselspiel. Aus den blutvollen subjektiven Tatsachen (ST), die mich selbst betreffen, kristallisieren sich in Enttäuschungsprozessen die blutleereren objektiven Tatsachen (OT) heraus, die mich *nichts* angehen, aber vernachlässigen Sie damit nicht das realistische Ausmaß, in dem objektive auf subjektive Fakten einwirken und sie bestimmen? Kommen Gefühle aus luftleeren Räumen, oder werden sie nicht durch Konfrontation mit OT oft auch erst ausgelöst?

Meine Lebenserfahrung sagt mir, daß der Vorrang der OT vor den ST, das „Gewicht der Welt" (P. Handke), durch die freie Gesinnung, mit der auf Affekte spezifisch geantwortet wird, meist nicht aufgewogen wird. Die freien Gesinnungsentscheidungen meines Lebens entpuppten sich nachträglich gleichsam als geheime Erfüllungsgehilfen dessen, was erst heute als so etwas wie meine Individualität mir langsam dämmert, ein immer deutlicher werdendes Mosaik, das mir mein Bildnis zeigt (wie der Schöpfer es gemeint hatte?) Ist unsere Freiheit nicht eine bloße List unseres individuellen Schicksals? Gerade die „Jemeinigkeit" gegen den Jedermann ist mir allgemein(gültig)es Naturgesetz.

Ist diese These vom Vorrang affektiver vor objektiven Tatsachen, wo sie nicht nur der Macht des Unbewußten Rechnung trägt, nicht allzu oft eine allzumenschliche Selbsttäuschung, ein kindlicher Glaube an die Magie der eigenen Gefühle? Heideggers „Zuhandenes" ist ja der Erkenntnis nach früher und zugleich dem Sein nach später als das „nur noch Vorhandene" der kosmischen Ordnung.

Der Erwachsene trägt dem Realitätsprinzip Rechnung, dem Vorrang objektiver vor affektiven Fakten wie vor Programmen, subjektiven Interessen und Intentionen (die auch in der europäischen Philosophie viel zu oft die objektiven Tatsachen verdeckt haben). Bei allem Respekt vor der Macht der Gefühle, sind es nicht meist objektive Tatsachen, die subjektive Tatsachen bewirken und das Subjekt zutiefst affizieren?

Lassen Sie es mich paradoxer ausdrücken: Gerade *daß* die objektiven Tatsachen mich *nicht* betreffen, *wenn* ich unbeeindruckt bleibe, das geht mich eigentlich besonders an, und ich will es oft nur nicht wahrhaben. Sie kennen die schöne alte Theorie, daß der Mikrokosmos der subjektiven so etwas wie ein Spiegel des Makrokosmos der objektiven Tatsachen ist (oder sei). Können in Ihrem System objektive auf subjektive Tatsachen einwirken?

Und ich frage mich und Sie, ob und wieweit Ihr relativistischer Ansatz, der auf keine „Verinnerlichung von Rechtsnormen" wartet, nicht einfach die berühmt-berüchtigte *normative Kraft des Faktischen* paraphrasiert. Statten Sie faktische Rechts- und Unrechtsgefühle mit normativer Kraft aus, wo haben Sie dann noch das Kriterium, Rechtsstaaten von Unrechtsstaaten zu unterscheiden? Sie beziehen die Legitimität der Normen zwar nicht aus bloß rechtspositivistischer Legalität, aber aus real existierenden Kollektivgefühlen, die auch unter langjährigen totalitären Regimen sich einstellen. Aber was in den Tyranneien gefühltes Recht war, kann und muß Unrecht sein, gleichgültig, ob Unrechtsbewußtsein vorhanden oder nicht. – Etabliert dieses faktische „Rechtsgefühl" nicht selbst wieder einen eigenen Rechtspositivismus, den Sie ja sonst zu Recht als zynisch ablehnen? Begründen wirklich die „Rechtsgefühle" die Verbindlichkeit der Normen oder nicht eher umgekehrt die Autorität der Normen jede Verbindlichkeit der Rechtsgefühle? – Wer sich nicht schämt oder schuldig fühlt, *kann* trotzdem im Unrecht sein, und wer sich schämt oder schuldig fühlt, der *muß* keinen Grund dazu haben.

Setzen die Kollektivgefühle Normgeltungen nicht schon voraus, statt sie erst zu begründen? Der Eindruck, daß Ihr „Situations-Relativismus" der Rechtsgefühle das Chaos rechtfertigt, hängt gar nicht ab von der bösen Innenwelthypothese, wie Sie vermuten, sondern gerade von der kollektiv „atmosphärischen Macht" auch der manipulativen Unrechtssysteme, die Ihr Kriterium nur schwer noch von eingespielten Rechtsstaaten unterscheiden kann

Sie gehen aus von Zorn über fremdes und von Scham über eigenes Unrecht. Der Analytiker versteht Scham als Gefühl des Verstoßes gegen das „Ich-Ideal", Schuld aber als Gefühl des Verstoßes gegen die Imperative des „Über-Ich". Wo bleiben zwischen Zorn und Scham in Ihrer Theorie die Schuldgefühle?

Sie erwähnen Kants Sittengesetz und sprechen ihm die Eignung ab, absolute Normen zu begründen. Ist dieser Imperativ nicht selbst diese absolute Norm, die absolut ausreicht als Norm, um legitime von illegitimen Rechts- und Moralgefühlen zu unterscheiden? Ein „Rechtsgefühl", welches nicht Gefühl der „Achtung" für Kants Sittengesetz ist, scheint mir nur ein Mangel an Unrechtsgefühl zu sein. Sie sprechen von der „moralischen Rechtskultur des Gewissens" und werfen Kant zum Glück nicht wie Schopenhauer vor, mit dem kategorischen Imperativ bloß einen Rechtsstaat von Egoisten und keine Moral begründet zu haben. Natürlich muß niemand Kants „goldene Regel" richtig aufsagen können, um richtig handeln zu können, das sehen

Sie völlig richtig, aber ihr Wesensgehalt muß dem
Kinde doch unabzählbar oft von Vorbildern sinnfällig vorgemacht und eingeübt werden, muß ganz in
Fleisch und Blut übergegangen sein, um beim Erwachsenen zu „sitzen".

Einige Bemerkungen noch zu Ihrer Liebes-
phänomenologie. Eine Liebestheorie, die ohne Analyse der Psychoanalyse auszukommen meint, ist
liebenswert naiv, und deshalb ist Ihr Werk die beste
mir bekannte außer- und ante-, wo nicht auch anti-
analytische Liebeslehre. Ihre Ausführungen zeichnen sich dadurch aus, daß Sie Ihren Gewährsleuten
oft aufs Wort glauben und kaum andere als die explizit bekundeten Motive unterstellen. − Aber wir
fühlen meist anderes, als wir zu fühlen meinen; die
Analyse deckt sich selten mit dem Selbstverständnis
der Betroffenen, sie ist choc-hafte Zumutung für sie.
Weiter stellen Sie zwar die geschlechtliche
Paarliebe ins Zentrum, lassen deren „gemeinsame
Situation" aber nur sehr beiläufig im gemeinsamen
Kind sinnfällig werden, als sei es ihr nur akzidentell.
Sie haben leibhaftig gut rekonstruiert, was bei Hegel
am Vorrang des Ganzen vor seinen Teilen immer
etwas allzu metaphysisch klingt. Die Liebespartner
bilden nicht zusätzlich zu ihren Individualitäten
außerdem noch eine Einheit, sondern fühlen sich
von ihrer eigenen „Koinonia" erst geschaffen, so
daß diese gemeinsame Situation ihre Individualitäten weniger beeinträchtigt als erst ermöglicht. Zwar
gehen Sie von Hegels Liebes-Koinonia aus, wie sie

sich in dem berühmten Brief von 1811 an seine Braut dokumentiert und vielleicht konstitutiv für seine ganze Dialektik ist, aber bei Hegel ist das Kind der sinnfällige Ausdruck der koinonistischen Ganzheit, die als ein neuer Einzelner leibhaftig (!) gewordene Einheit zweier Einzelner. Gibt nicht in Ihrem Konzept die technische Trennung der Liebe von der Fortpflanzung nur unseren Zeitgeist wieder? Niemand setzt Kinder in die Welt, um Bevölkerungspolitik zu machen, aber daß Kinder konstitutiv in einen vollen Liebesbegriff gehören, hat Hegel Ihnen doch voraus. Die familiäre „Triangulierung" der Paarliebe durchs Kind spaltet so wenig wie in der Mutterliebe zum Kind den „Verdichtungsbereich" vom „Verankerungspunkt" (in denen ich übrigens auch nur Freuds „Liebesobjekt" und „Liebesziel" wiedererkennen kann).

Wie der Christ in seinem Nächsten nur die Creatur Gottes liebt, so liebt der moderne Mann, auch wenn er die moderne Frau um ihrer selbst willen liebt, in ihr doch nur seine wiedererstandene Mutter, sagt Freud. Das wird das Motiv der Partnerwahl. Daß bei den Griechen das „Triebziel" wichtiger war als das geringer geschätzte „Triebobjekt", merkt auch Freud an.

Sie zeigen recht gut, wo die griechisch-französische Liebesdialektik doch zurückfällt hinter den römisch-deutschen Liebesbegriff. Aber auf das Konzept der Römer fällt ein Schatten durch die abscheuliche Art, wie sie mit frisch geborenen Krüppeln umgegangen sind. Ich bin Hegel dankbar, daß er in der „Rechtsphilosophie" auf diesen untilgbaren Makel Roms hinwies. Wer Körperbehinderte ermordet, weil sie behindert sind, ist geistig behindert.

Von ekstatischer Punktualität zur transfiniten Expansion. Ich frage mich, ob die von Ihnen beschriebene leibliche Dynamik zwischen „spannender Engung" und „schwellender Weitung" nicht irgendwo auch eine gewisse Verengung darstellt. „Die wichtigste Dimension der leiblichen Dynamik ist die von Enge und Weite ..." „Die Chance seliger Entlastung in privativer Weitung ... ist die Schönheit ... beim Schönen durch Entkommen aus der Enge des Leibes in privativer Weitung", lese ich bei Ihnen. Reicht Ihre Schönheitsdefinition schon aus? Nicht jedes Versprechen leiblichen Entkommens empfinden wir schon als Schönheit, und wo ist die spezifische Differenz? Ich folge einfach nur meinen Assoziationen, die den Leib christlich als *Kerker der Seele* zeigen. Sie zeigen die Leibesenge in Angst und Schrecken, in Schmerz und Scham, das Gefühl, nicht weg zu können, sondern festgenagelt zu sein am absoluten Ort des Leibes, unentrinnbar und verwundbar reduziert zu sein auf das, was ich bin unter dem Scheinwerferlicht von Reduktionisten. Jedermann kennt den Alptraum, am Saugboden zu haften und vor einem Gegner nicht fliehen zu können. Dagegen setzen Sie Tendenzen der schwellenden Weitung, Heidegger spricht von Öffnen und Lichten. Wird der Sex hier aber nicht auf „kontraphobisches Agieren" verkürzt, und würde man Sie mißverstehen, wenn man da einen klaustrophoben Befreiungsdrang herausfühlt, eine nicht bloß geistige, sondern auch leibliche Befreiung vom Leiblichen?

… Ist dieses Konzept privativer Weitung aus der Leibesenge ins Freie nicht vielleicht etwas zu privat verengt? Warum zeichnen Sie die Leibesenge so negativ wie die Befreiung davon positiv? Sogar die orgiastische Pointe ist hier nur ein Mittel, um die rauschhafte Entspannung auszulösen, das Entkommen aus leiblicher Enge. Gibt es nicht auch einen verbreiteten Drang, nicht über sich hinauszugehen ins Weite, sondern einen Antrieb, „in sich zu gehen", durchaus leiblich und nicht moralisch verstanden? Von Feinden umstellt, suche ich das Weite und finde es in der Flucht, aber mein Leib ist nicht immer nur von drohenden Leibern umzingelt, sondern will oft unter seinem eigenen Gewicht gleichsam in sich hineinsinken und die naturliche Selbstbegrenzung noch überbieten, bodenlos leiblich noch hinter sich zurückfallen, eine nicht endende Bewegung einer Selbstversenkung, gleichsam „Selbstsuszendierung" als Antagonist der Selbsttranszendierung, wie Sterne unterm Gewicht der Gravitation sich unsichtbar machen und in „schwarzen Löchern" verschwinden. – („Jenseits des Lustprinzips" sah Freud jeden Trieb als konservativen Detumeszenztrieb, als depressiven Todestrieb, der die Vitalspannung ins tote Anorganische absinken lasse und von dem wir uns oft nur durch Aggression befreien können. Laut Freud schützt *primär* die Aggression vor der Depression und nicht die Depression vor der Aggression.)

Vatersprache ist noch eine Fremdsprache

Der Acheiropoeta steht vor seiner Abrogation. Seine Eubulie verhält sich zur Eusebie wie die Asebie zur abyssalen Abulie. Meine Exeguität ist ex officio voller sexaltierter Exigenz und Sexkulpation. Beantragt Exemtion von aller Exequierung! Coitus vor Exitus ist sexistenzieller. Keine Expellantien ohne extrapunitive Exsekrationen es professo, keine dispensablen Exulanten ohne exzeptionelle Exzedenten, *exaudite!*

Aristische Insurgenzinterdikte devolvieren schon zu kataplektischen Diathesen, doch die Gesellschaften stratifizieren ja immer noch katogen ohne Kenosen. Individuen koag(ul)ieren und konglutinieren weiter, kommodieren sich ihrer kompulsiven Konfination. Komestibilien devalidieren, Revidenten kavieren für rheotaktische Retiraden, und die Rotüre ruminiert nur noch ihre kontestable und grundkontorte Rapazität.

Die Konnivenz von Quibbles wächst konkludent mit den konjekturalen Konfutationen, und konstriktive Realrepugnanzen regalieren refraktäre Railleure wie remunerierte Remonstranten, um sekkant Sedendäres wie Seditiöses ohne skabröse Seduktion skoptophob

zu solennisieren.– Soziale Speläologen harangieren
spinös und fatigant zugleich.in faktiösen Agraphen
des Exigenten und Exiguinen, bis der Gargalismus
der Kultur den dekrepiden Detumeszenztrieb blagiert.

Detachierte Enkomiasten detestieren Detestate in
ihren vigilant versatilen Diallelen, zertieren mit
der Vorazität von Piezogesellschaften und debe-
tieren böotisch aversionierte Dispacheuren des
defraudierten Sozialhenismus. Biliöse Idoneität
tadiös deletärer Ganeonen debauchiert zu pito-
yabler Pimelose und azephaler Idiolatrie ohne
alle Lävogyrität. – Das Ökoviridarium verboser
Logorrhöe schwankte zwischen Lugubrität und
konzinn mesquiner Konspicuität. Oublietten des
Neopaganismus beschleunigen die Lenition der
Konjurierten, obzwar die Quotidiana unseres Pis-
aller die promulgierte Pleonexie und Doromanie,
ja, alle Prodigalität des amodernen Doketismus
jeglichen pönologischen Pithiatismus beraubt.

Dies ist ein Nischentitel
Unverworfene Entwürfe, Vorwürfe, Einwürfe

„Nur das Äußerste hat die Chance, dem Brei der etablierten Meinung zu entgehen. Das steht als Maxime hinter jedem Satz, den ich schreibe." – „Wahr sind nur die Gedanken, die sich selbst nicht verstehen." *(Theodor W. Adorno)* „Adorno sagt in jeder seiner Analysen auch das Gegenteil. Aber trotz dieser auf die Spitze getriebenen Dialektik bleibt, was er sagt, unwahr. Denn die Wahrheit lässt sich nicht sagen …" *(Max Horkheimer)* „ … der ungeheuerlichste Narziss, den die alte und neue Welt aufzuweisen hat." *(Maidon Horkheimer)* „ … einer der widerlichsten Menschen, die ich kenne." *(Hannah Arendt)* „Er schreibt ja so viel, und manches … ist auf einer hohen Ebene falsch, ausgeleierter Tiefsinn und eine Radikalität, die es sich gutgehen lässt." *(Siegfried Kracauer)*.

Der Militärstaat *Sparta* wurde *gynäkokratisch* regiert von asexuellen Feministinnen, die ihre Söhne per Ödipuskomplex gegen (zu schwache) Väter mobilisierten und scharf machten.

Kunst : *Likes* und *Dislikes* sagen mehr über Urteilende als über Beurteiltes.

Gegen die Internationale der Arbeitssklaven
globalisierten sich die nationalen Sklavenhalter.

Früher war alles besser, selbst Vergötterteres
und Verrotteteres wurde besser verspottet.

Berlin : Minderwertigkeitskomplex vor Lincoln
und Voltaire, Größenwahn vor Iwan & Muschik.

Realisiert der Mensch göttliche Begriffe
mehr als der Teufel menschliche Inbegriffe?

Adornos Regel. Jeder Flegel kehrt mit Schlegel
die Dialektik gegen Hegel, von dem er sie hat.

Europa ist ein einziges wissenschaftlich zurecht-
gestutztes Plagiat aller Kulturen der Welt.

Gesellschaft : lebenslängliche Haft ohne staat-
liche Haftung und stattliche Bodenhaftung.

Gehorch meiner Angst vor deiner Furcht vor mir
mehr als deiner Angst vor meiner Furcht vor dir!

Erwiesene Ratio : Alles hat seinen *Wiesengrund*,
aus dem es ist oder nicht ist, was und dass es ist.

z.B. China. Lieber reich in Diktaturen
als arm in Demokratien?

Du bleibst das Kind, das du nicht kriegst,
und has(s)t das Kind, das du nicht mehr bist.

Die höchsten Kreise um sich selbst
nennen sich Fortschritt.

Zur Horizonterweiterung genügt Distanzierung.

Homo sapiens ist Utopie. Homo sat.

Der schärfste Kritiker lobt über den grünen Klee.

Gegenaufklärung ist, was sie Aufklärung nennt.

Kindische Neogreise : alterswild statt altersleise.

Auch nach Gulags kann man nur so schlechte
Gedichte und Geschichte schreiben wie vorher.

Buch des Lebens : Jede Ähnlichkeit mit Perso-
nen, die sich selbst erfinden, wäre rein zufällig.

Randständige geraten nicht in Ausgußstrudel.

Blindheit macht beliebter als Liebe blind.

Moral heisst, auch nicht zu tun, was erlaubt ist.

Wissenschaft : Ungenaue Wissensvorher-Sage.

Wer seine hochmoralische Gesinnung gern spa-
zieren führt, bekommt sie nicht gern vorgehalten.

Ex oriente lux, ex occidente crux, Jux et Luchs.

Das Ganze aller Paradoxe Adornos erst
ist paradox sein Wahres.

Weiterführendes vom Autor

„Martin Heidegger –
Versuch einer Psychoanalyse seines *Seyns"*, 1993

„Objektivität durch Subjektivität oder umgekehrt? –
*Phänomenologischer Entwurf
einer dekonstruierten Erkenntnistheorie"*, 1999

„Künste und Wissenschaften als verlorene Paradiese –
Essays zur Bedeutung der Kultur-Idyllen", 2000

„Der Mensch ist, was er verg-isst /
Kosmostheorie oder Gemeinschaftspraxis“, 2007

„Philosophische Formelsammlung :
*Ambivalente Gedankenexperimente und nachsokratische
Fragmente"*, Verlag Königshausen & Neumann, 2012

„Die Liebhaber der Sophie –
Philosophiegeschichte in Philosophengeschichten", 2013

„Aphorismen zur Zeitaltersweisheit –
Kopfverdreher, Kopfzerbrecher", 2014

„Ist *Philosophical Correctness* eine Kommunikations-
wissenschaft? *Versuch über moderne Versuchungen*“,
2015

 „Zur Dialektik und Phänomenologie
der Natur- und Kultur-Idyllen“, 2015

„Esprit und Geisteswissenschaften – *Wechselwirkungen*
zwischen Kunst, Philosophie und Psychologie“, 2016

„Mit einem Satz ins Freie – *Reflexionen, Urteile*
und Sentenzen“, 2. überarbeitete Auflage, 2016

„Zwergrätsel, Satiren und Zwickmühlen –
Auswahl von Aphorismen“, 2017

„Wenn die Seele auf den Geist geht –
Chronik der unbewussten Weltbilder“, 2018

„Aphorismen, Bonmots und Reflexionen –
Neue Auswahl aus mehreren Bänden, 2019

„Originell sein heißt, Vergessenes plagiieren –
Philosophische Essays“, 2019

„Angeln beruhigt – weder Fische noch Würmer“, 2019